ローカルエコノミーのつくり方
ミッドサイズの都市から変わる仕事と経済のしくみ

神戸から顔の見える経済をつくる会 著

学芸出版社

CONTENTS

Introduction
人口減少時代における「顔の見える経済」 4

Column
これからはミッドサイズ・シティの時代 9

Column 各エリアの特徴＆活動する人々 11

01 FARMER 13

EAT LOCAL KOBE FARMERS MARKET 都市と農家と消費者が出会う場 14
FARMSTAND 毎週を毎日に。地産地消を日常へ。 20
BIO CREATORS CSA 〜地域が支える農業の仕組み〜 26
Summary 互助的な仕組みによって成り立つ都市のスモールファーマー 30

02 BUILDER 33

TEAMクラプトン 「DIT施工」が変える分業概念 34
茅葺き職人集団 くさかんむり 古くて先進的な茅葺き住宅 40
MAR U 地元の木を循環のサイクルに乗せる 46
Summary これまでの概念を変える新しいビルダーたち 52

03 MAKER 55

Cultivate Industry 生産背景が近いことが大切 56
Pampshade 世界に一つのおいしい明かり 62
十場天伸 つくも窯から世界へ 68
Summary 居住性の高いローカルで作り、外需で稼ぐメイカービジネス 74

04 SPORTS BUSINESS　77

SPARK Scone & Bicycle　裏山でつながるコミュニティクラブ　78

Summary　都市の自然をビジネスフィールドに　84

05 URBAN PERMACULTURE　87

弓削牧場　牧場から始まる資源循環の未来　88
澤井まり　都会だからこそできる自給生活　92
塚原正也　都会の真ん中で、山羊と暮らす　98

Summary　都市で自給自足生活を試みる人たち　102

06 AREA DEVELOPER　105

神戸R不動産　エリアに"中心性"を見出す　106
森本アリ　旧グッゲンハイム邸を起点に塩屋の町を編集　112

Summary　ローカル経済のハブとなる「エリアデベロッパー」　116

「KOBE live＋work」ウェブサイトのご案内　118

この本に登場した方々のURL　119

Epilogue
「あるもので作る」スモールビジネスのススメ　120

Introduction

人口減少時代における「顔の見える経済」

豊かさの定義が変わった瞬間

　リーマンショックや東日本大震災をきっかけに地方都市への移住の動きが始まったが、そこには世の中の価値観の変化があった。
　より高い刺激を求めるためにより高い所得を求める、という価値観から、自分らしく・家族と楽しく暮らせて・社会の役に立っているという感覚を持った生活がしたい、という思考に変化した人が多かったように感じる。豊かさに対する定義が変わった。効率型経済が良いとされ、お金＝豊かさだった時代から、お金をかけずに・顔の見える豊かさの時代へ。過度の効率主義と一極集中から脱し、ほどよい居心地を大事にする時代へ。仕事一辺倒から仕事とプライベートの一体化へ。
　豊かさの定義が変わった瞬間、全国で多くの人が大都市から小都市へ田舎へと移動し活動を開始した。そして国も「地方創生」という形でそれを推し進めていった。
　その一方で、東日本大震災から８年経った今、現実的に地方が創生されたかと言うと、正直まだまだという印象の人が多いだろう。
　人が新しい場所で活動を始める、しかも若い時にそれをしようと思ったら、「仕事」をどうすればいいのかということがポイントになる。つまり移住先の地方に魅力的な勤め先があるかどうか。あるいは自営業なら、それまでしてきた仕事を移せる環境であるか。また、新規の仕事を受けられたり創り出せる場所かという、その点が重要だ。フリーランスの人の中には、仕事を上手に移し、たくさんの面白い活動を行えている人も少なくない。国は地域おこし協力隊など様々な仕組みもつくった。
　しかし、まだまだ我々が想像していたほど、ローカルにシフトしているという実態にはなっていない。結局、東京に若者は流れる。地域に若い人がやりたい仕事や面白いと感じる仕事が圧倒的に少ないという根本的な問題は解消されていない。それは、経済のあり方に原因があるからではないだろうか。

人口減少時代の始まりと新しい経済へのシフト

　そうこうするうちに日本全体で人口減少が始まった。仕事の有無という点から見て弱い地域はより弱くなり、衰退していく。並行して、駅から遠い場所にある密集市街地や農地を切り開いてつくられたニュータウンの人口減少・高齢化、商店街の空き店舗増加などが全国で加速している。我々の住む神戸でも見かける風景だ。
　これからの50年を通じて日本の人口は現在の７割になると言われているが、つまり３

割ぐらいは使われないエリアができるということなのか。拡大路線で来た都市を縮めるにはどうしたら良いのか。国も市町村も我々生活者もまだ明確なアイデアは持っていないだろう。しかし、"美しく縮小"することが求められるだろう。言い換えれば、現在の局面を打開するような仕事の仕方を模索しなくてはならない。

いつの時代も、局面を打開するために「創造的な仕事」は求められるのではないだろうか。経済成長が大前提だった時代には、モノの売上を増やすことがイコール新しい局面を生むことだった。こうした経済の中では、リスクテイカーである事業者が労働者を雇用するという形態で経営と労働の分離が進んだ。「新しく作り変える」「スクラップ＆ビルド型」「工場方式で効率的につくること」が正しいと考えられていたマス経済の時代であった。

しかし人口減少時代を迎えた今、局面を打開するための創造的な仕事のあり方が新たに模索されていると感じている。「お金をかけない」「顔の見える豊かさ」「協力して暮らせる」「ストック型」などがキーワードの循環型の経済とでも言おうか。そこでの仕事の仕方は、現場に入って、人任せにせず自分の手を動かすことが大前提だ。それを伴ってこそ局面が打開される。そうした仕事の仕方をする人が近年、神戸で同時多発的に生まれている。本書の目的はそうした動きを紹介し、人口減少時代の新しい経済の仕組みへのシフトについて、またローカルに面白い仕事を生み出すヒントについて考察していくことだ。

「顔の見える経済」

この本で紹介するのは、神戸で生まれた、新しいかたちでの創造的な仕事を行っている人たちの事例だ。彼らの働き方を俯瞰してみると、いくつかの共通点が見えてきた。

まず経済活動の根本概念が違うということだ。材料の仕入れ（原価）という点においては、自分でつくったり採ったりして調達する、もしくは知っている人や近い人から買っていることが多い。次に、組織運営という点においては、お互いの個性を尊重し、協力し合って、それぞれが独立した個人（事業主）として生きる中で互いの目的達成のために協力し合う、コーポラティブな組織で成り立っている。

お金も人も自分たちの近くで流通させようという試みである。顔の見える人との付き合いを中心に、ビジネスを回す。「顔の見える経済」がそこにある。

一方、従来型の組織では、経営者と被雇用者という関係で完全に分離され、経営者は材料も労働者も単にコストとして考える。大量に取り扱い、効率化して、コスト削減を追求し、安く提供することが大前提となっている。大量生産消費経済は「顔の見えない経済」とも言える。ノウハウもお金も中央（大都市）に集中し、ローカルは単に製造／下請けの拠点となる経済とも言いかえられる。

経済概念を変化させることにより、ローカル（自分たちが住み、働くエリア）主体の経済を作っていくことができると考えている。僕らはそうした流れを志向している（次頁、図1）。

	これからの主流		従来の主流	
ローカルで 自ら企画	材料を自分でつくる (もしくは知り合いから フェアトレードで買う) ⬇	材料調達	ローカル圏外から 大量に安価で仕入れる ⬇	大都市で企画 ローカルは 製造拠点
	商品を自分でつくる (もしくは知っている人に 依頼する) ⬇	商品化	売れるコンセプトをつくり、 地方都市や外国の工場で 大量につくってもらう ⬇	
ローカルから 圏外とも交易	組合的コミュニティーに 参加する (購入・販売・まちづくり) ⬇	取引先開拓	大量小売販売、 インターネット大手 通信販売 ⬇	ローカルは 単に買う場所
	顔の見える人と取引 (人と人の取引) ⬇	営業	商品を買うだけの取引 ⬇	
ローカルに ノウハウが集結	ローカルで仕事をつくり 雇用を増やす ⬇	成長プロセス	大都市の企業に 売上とノウハウが蓄積、 大都市の雇用が増える ⬇	大都市に ノウハウが集結
	スタッフが独立し、 師弟ネットワークを 構築する ⬇	産業	大都市に 頭脳系の産業が 集積する ⬇	
	産業ノウハウが蓄積し、 若者・移住者に 魅力的な仕事が生まれる		**地方の雇用は 工場かサービス業のみ**	

図1　顔の見える経済の流れ(左)と従来経済の流れ(右)。

手を動かしてつくり、近隣と交易をする

　拡大経済の時は従来の資本主義が機能した。しかし経済が縮小する時代に、これまでの経済活動の構造のまま進んで良いのだろうか。経済活動の概念のパラダイムシフトが求められているのではないだろうか。

　そのためには他人任せにせず、自分で手を動かさねばならない。金やモノのデザインによってではなく、人が人を集めることによって新たな経済が動き出す。予算がなくて止めるのではなく工夫をすること。売上が上がる仕事だけでなく、非営利的な活動もきちんとやること。大切なことは信念だ。この本で登場する人たちは、そうした点で共通する。経済のパラダイムシフトの実践者たちであり、リアルに動いて将来を切り開こうとしている。

　「ローカル」という言葉がさまざまなメディアや活動の中で使われ、多くの人々が「ローカル経済」という概念に関心を寄せている。けれども、「ローカル経済」とは何だろうか？

　20世紀後半のアメリカ人ジャーナリスト、ジェイン・ジェイコブズ*の著書『発展する地域　衰退する地域：地域が自立するための経済学』では以下のように綴られている。

　「多くの人が気づき始めている。それぞれの地域が持つ財を利用し、そこに住む人のアイデアを生かした活動をするべきだ。必要なものは自分たちの手でつくり、近隣地域と共生的な交易を行えば、技術は高まり、雇用も生まれ、地域は自然に活性化する。」

＊ジェイン・ジェイコブズ……都市の再開発に対する問題提起で知られた20世紀後半のアメリカのジャーナリスト。著書に『アメリカ大都市の死と生』『都市の原理』『発展する地域　衰退する地域』など。

ローカルにノウハウやお金が残る仕組みに

　こうした動きは小さな世界での動きと思われるかもしれないが、大企業や大組織においてもこの発想はこれからとても大事なはずだ。たとえば神戸市では創造産業（クリエイティブ産業）の仕事が年間約3000億円分域外流失しているというデータがある（出典／2011年神戸市産業連関表、2016年度神戸市統計報告）。神戸市内の大企業、大組織の仕事が、東京や大阪の大手広告代理店、印刷会社、デザイン会社、設計事務所などに流れ、東京や大阪から営業や担当者が神戸に出向いてきて仕事をしているものと想像する。こうした仕事では、元請けが大都市の大企業となり、その下請けが大都市のフリーランスか、場合によってローカルのフリーランスに振られるというケースが多いのではないだろうか。

　大企業の担当者の言い分からすると「地元に頼める企業がいない」ということかもしれない。けれども企業の担当者は、地元企業に依頼し、多少リスクがあっても、ローカルの企業を育てるという視点が必要だろう。これまでの発注構造では、東京の元請け企業だけにノウハウが蓄積される結果となり、ローカルにノウハウもお金も残らない結果となるからだ。多少の不便はあるかもしれないが発注の流れを変えて、ローカルにノウハウやお金が残るような仕組みにできないだろうか（図2）。

　このところアメリカ・ポートランドの街で活動する人たちと定期的にコミュニケーションをとりヒントをもらうことが多いのだが、ポートランド市の経済産業局の人たちの言葉が耳に残っている。「我々は1万人を雇用する大企業も大切だと思うが、2人程度の小さな会社が

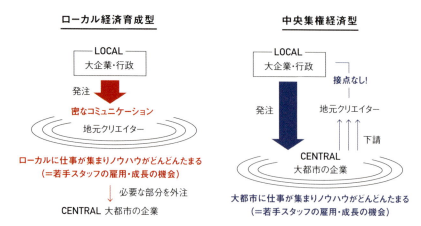

図2 ローカル経済育成型（左）ではローカルにノウハウが集まり、中央集権経済型（左）ではノウハウが大都市に集まる。

10人規模の会社になることが一番大事だと思っている。なぜなら、10人を雇用する会社が1000社集まれば1万人の雇用を生むし、その方が急場づくりでない、堅い経済だと言える。これからの時代はニッチビジネスの時代。ニッチビジネスは大きな雇用は生まない。けれどもニッチビジネスがたくさん生まれる可能性はある」と。

1人で活動する小さなビジネスの動きは神戸にはたくさんあるし、他都市から移住してきて1～2人で活動をリスタートする人もいる。そうしたビジネスが10人を雇用できるようになれば大きく状況が変化するのではないか。1人や2人で活動しているスモールビジネスが何人か雇用できるようになれば、そこで修業した若者はおそらくその街で起業するだろう（図3）。私たちはそのようなイメージを持ちながら、スモールビジネスを支援し、「顔の見える経済」を加速させることが大切だと感じ、この本を制作した。

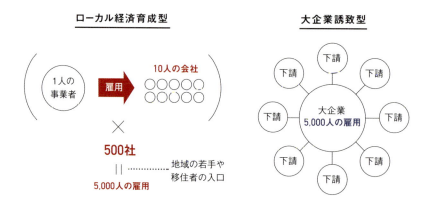

図3 ローカルのスモールビジネスが小さな雇用を出来るようになることの意義。

Column

これからは
ミッドサイズ・シティの時代

　本書で紹介しているのは、これからの経済の形を予見させるスモールビジネスの数々だ。そこで共通しているのは「顔の見える経済」ということである。スモールビジネスが顔の見える関係をつくり収益的に成り立つには、活動する都市選びは重要だ。その都市のサイズ感／コンパクトさは大切な選択要素である。巨大な都市では活動が埋没してしまうし、田舎では顔の見える関係をつくろうにも常に車に乗って移動しなくてはならない。世界中で、ミッドサイズ・シティと呼ばれるポートランド、ヘルシンキ、ビルバオ、メルボルンなどの都市活動が近年注目を浴びるようになった理由の一つは、スモールビジネスにとって顔の見える関係がつくりやすいサイズ感からではないだろうか。

　スモールビジネスは、現実的に始めなくてはならない。ミッドサイズ・シティには何某かの仕事がある。夫婦ならどちらかが勤めに出て、もう1人が夢を追う仕事ができるかもしれない。ひとりなら、週の3日か4日アルバイト的な仕事をして、残りの時間で起業の準備もできる。家賃も大都市に比べると安価だ。また小さなビジネスを始めるにあたって、サポートしてくれる人が近くにそれなりにいないと最初の商いが成り立たない。確かにインターネットを使えばどこでも取引ができるかもしれないが、やはり対面できる距離感でサポートしてくれる人たちがいるのはありがたいことだ。ミッドサイズの街だから周りの人と適切な距離感で過ごすことができる。1人でこもって仕事をすることもできるが、いざ声をかければ近くで飲みにいける人も場所もある。そう、これからはミッドサイズ・シティの時代なのだ。

　本書では神戸の事例を綴っているが、なぜ神戸でこれらの動きが起きているのか。それは神戸が山と海に囲まれた地形で、街がコンパクトにまとまっており、ちょうどよいミッドサイズ・シティだからだ。職住が近接しており、都市と農村と山が一体化している。たとえば、この後の頁で紹介するメイカーやエリアデベロッパーなどの都市的職業の人たちが、農家や茅葺職人、陶芸家のような農村的職業の人たちに会いに行こうと思えば、車で30分走ればいい。逆に農家は直接都会側の住民に車で30分走れば野菜を届けられる。多様な職業人が存在しながら、なおかつ顔が見える距離感でお互い近くにいるから、知っている人から直接材料を仕入れたり、それを共同で加工したり運営したりすることがしやすい。また、神戸は市街地や農村の一部で人口減少・過疎化が進展しており、150万もの人が住む街でありながら、その中に隙間空間がたくさん存在している。つまり、人口減少が

山と海に囲まれた街・神戸。スモールビジネスをする人々にとって、中規模の都市であることは優位に働くのではないだろうか。

かえってチャンスになるかもしれないという逆説的な局面が生まれている。

　出張や旅行で国内外の違う街に行くことも時にはあるので、交通アクセスはターミナル性があって便利な方がいいに決まっている。実は神戸は、日本国内や海外の街に行きやすい。小さな空港や電車網は混んでいなくて使いやすく、時間が多少かかったとしてもストレスがない。東京 - 神戸間の航空運賃は、余裕を持って取れば新幹線の半分ぐらいで済んでしまう時代になった。大都市で見たいアート展やライブがあったとしても気軽に行くことも可能だ。親の顔を見に行ったりするにも移動が便利な場所であることは大きいだろう。

　それぞれの人の暮らし方・働き方に応じた、場所選びの見極めが必要な時代なのかもしれない。自給自足的な暮らしがしたい人には田舎が良いかもしれない。刺激を求めるために高い所得を求めるならやはり大都会が適しているかもしれない。でも、「顔の見える経済」を志向する人にとっては、ある程度の人口密度は必要で、神戸のようなミッドサイズ・シティがその選択肢として上位に位置づけられる時代になってきたのではないかと考えている。

Column
各エリアの特徴＆
活動する人々

北区や**西区**は農地が広がっている農村地域で、若く意欲的な新規就農者が育っている。地産地消を推奨する「EAT LOCAL KOBE FARMERS MARKET」に参加している農家も多い。車であれば自分の畑から、30分程度で街中のレストランや消費者に直接野菜を届けられる点も魅力。

六甲山は国立公園に指定されているので管理も良く行き届いている。山歩き、マウンテンバイク、ロッククライミング、キャンプ……、自然を使った活動がしやすい。神戸の人々にとって、山は気負って行くところでなく、日常の暮らしの中で登る身近な存在。

東灘区・灘区の山側は、風光明媚で空気の良い住宅地として昔から人気が高い。その一方、坂を下ると商店街が広がっていたり、下町らしい雰囲気に包まれている。最近は鉄道高架下の空間に家具職人、内装業、アパレルのデザイナーなど、ものづくりの人々が増えてきている。

中央区では山の手の北野町など、住宅地の中で職住近接を楽しみながら建物を住居兼仕事場として活用する人や、シェアオフィスにして共同で使用する若い人たちが増えている。神戸はすぐ近くに山と海がある都市として知られているが、新神戸駅や神戸空港へのアクセスも良いことから、出張の多いノマドワーカーにも勝手が良い。

須磨区・垂水区は海が近い。たとえば海を見渡す塩屋という小さな町があり、車が入れないような狭い道路が多いために小さな民家が多く、昔からずっと続く小さな商店街がある。このところクリエイティブ系の仕事をする人たちが塩屋に引っ越すケースが増えている。

兵庫区・長田区は、昭和の渋い建物が残っており、古くから続く地域に密着した個人商店も多い。「余白」感を嗅ぎ取って、独自の世界観を持ったアーティストたちが建物を面白く改装して活用していたり、制作や事業の場所に借りている。

01
FARMER

———

都市に近接する農業を変える

EAT LOCAL KOBE FARMERS MARKET
都市と農家と消費者が出会う場

神戸の中心地・三宮で、年間を通してほぼ毎週土曜に開催されているファーマーズマーケット。神戸市の農漁業者を中心に、食物販事業者・飲食店が出店するこのマーケットを中心に、農村と都市の住民間の交流が起こり、さまざまな新しい取り組みが生まれている。

実は農漁業が盛んな神戸

　神戸のシンボルでもある六甲山。この山を境に、その南側には都市部が、北側には農村が広がっている。距離にしておよそ30分。神戸と聞いて、農産物を想像する人はあまりいないかと思うが、実は政令指定都市で農産物の生産量は最大規模を誇る。そうした事実が神戸市民を含め、あまりにも知られていない。そのイメージを変えるために、2015年から神戸市が「EAT LOCAL KOBE」という取り組みをスタートさせた。

　これだけ消費力が高い都会と農村部が隣接しているのに、なぜ農産物が互いに行き来せず、流通しないのか。EAT LOCAL KOBEは、こうした現状を市民にわかりやすく伝えるために、神戸市内で誰がどんな野菜を育てていて、どこでその野菜が買えるのか、という基本的な情報を発信するウェブサイトとして始まった。サイト運営と農家への取材を進めるなか、いくつかの構造的な問題を見つけた。農家の収入は、生産者組合を通じた市場・流通網への出荷や、農協などが運営する直売所での販売が主体となっている。市場に出荷すると誰が育てたかわからない画一化された野菜が中心になる。都市住民が農村の直売所に足を運んでも、目当ての農家の野菜が買えないときもある。また、せっかく農村部を訪れても楽しめるような仕掛け（食事・レジャー）がなく、二度三度と農村に足を運びたくなるような状況ではなかった。

　もう一つ取材で明らかになったのは、リーマンショック以降に個性的な農家がたくさん新規就農し、神戸市内の農地で作物を育てていたことである。こうした人たちは、できるだけ農薬を使わない環境共生型の農業を選択し、「自然と対峙する農家」という生き方を選んでいる。経済成長の時代には、たくさんの農作物を効率的につくり、都市住民を食べさせていく必要があった。しかし、近年就農した人たちの特徴は、大手チェーンや効率的に運営される大量出荷・大量輸送型に向いていない、多品種少量生産型の農業を営み、顔と顔を合わせて取引したい人たちばかりだった。みなさん、顔の見える方々へ野菜セットの販売は行っていたが、売り先としてそれ以外にルートがなかった。消費力のある都市住民が30分の距離にたくさん住んでいて、地元産の野菜を求めているにもかかわらず、両者を結びつける手法が確立されていなかったのである。取材で明らかになった事実をもとに、新しい取り組みがスタートすることになった。

　まず検討されたのが、EAT LOCAL KOBEというウェブサイトに紹介した農家が一堂に会

1　神戸の中心地・三宮の東遊園地でほぼ毎週土曜に開催されている EAT LOCAL KOBE FARMERS MARKET。

2　農家は軽トラなど自分の車を公園内に停め、その荷台を上手にアレンジして即席の販売ブースにする。

3　入り口の看板。「eat local／地元産を食べましょう。」と書かれている。

4　市民にとってなくてはならない地産地消のインフラを目指す。

するファーマーズマーケットの開催だった。農家と顔を合わせて会話しながら野菜を買えるファーマーズマーケット。その先進的な事例を体感するためにアメリカへ向かった。特に参考になったのは、オレゴン州ポートランドのファーマーズマーケットの、事務局長からのアドバイスだった。

「木の下で開催しなさい」

　ポートランドでは大小あわせて年間約500のファーマーズマーケットが市内各地で開催されている。アドバイスをもらったポートランドのファーマーズマーケット運営団体（NPO法人 PORTLAND FARMERS MARKET）は1990年代に設立され、今ではポートランド市内6カ所でマーケットを年間150回開催している。この団体が運営する最も大きなマーケットは、ポートランド州立大学で毎週土曜日に開催されており、季節の良い時の出店者数は約200で、都市住民と農家の交流が生まれる素晴らしい場となっている。

　ポートランドのファーマーズマーケット運営団体の事務局長からのアドバイスは二つだった。たった二つだが、ここにポートランドでファーマーズマーケットが愛され定着している秘訣が詰まっている。

　一つ目のアドバイスは「公園の木の下で開催しなさい」だった。ファーマーズマーケットは夏の暑い日も雨が降る日も開催されるので、強烈な日差しや雨から人々を守ってくれる木々がある意味は大きい。また、農産物や食べ物の販売時にも緩やかに日差しを遮り、人々に癒しも与える。実は、このアドバイスが神戸のファーマーズマーケットの開催場所を決定づけた。神戸市役所南側にある東遊園地という公園を活性化させようという動きが当時活発化していて、その公園の中にある並木広場が条件にぴたりとはまったのだ。

　二つ目は「毎週開催しなさい」というアドバイス。月に一度、年に一度ではなく、毎週開催し、マーケットを日常の一部にすることが重要だという意味合いが強い。「毎週続けなさい」というアドバイスは、それを仕事にしなさいと言っているのと同じで、とても重みのある言葉だった。ポートランドでは初めてスタートした時は、3カ月間、毎週開催したという。「続けて開催することによってマーケットが日常の一部になる。あの時はとても大変だったけど、あの時毎週やったから今がある」というポートランドのマーケット関係者のコメントも聞いた。神戸のファーマーズマーケットはこの教えに従い、木々の下でほぼ毎週開催されている。

運営体制とお金の話

　ファーマーズマーケットの運営は一般社団法人 KOBE FARMERS MARKET が行っており、この法人はファーマーズマーケットに参加する農漁業者・飲食店事業者・加工品製造事業者が会員として参加している。出店者は売上の一部（売上の10〜15%、あるいは最低出店料¥3,000〜¥5,000）をこの法人に支払う。1回あたり平均25件の出店者が集まるため、一回の開催で平均出店料が10万円程度集まる仕組みだ。年間42回開催とすると約420万円の出店料が集まり、それを原資に会場使用料や備品の保管メンテナンス、設営スタッフや広報PR、コーディネートを行うスタッフの人件費が支払われている。法人運営の理事は、まちづくりの専門家、料理研究家、婦人会会長、公認会計士、元神戸市広報官といった有志メンバーで、一般社団法人活動の第一目標である「神戸市内における農漁業者ビジネスの振興」

1 木の下に軽トラが並ぶかたちでファーマーズマーケットが形成させている。
2 ファーマーズマーケットの会場・東遊園地。左側の木が茂っているエリアで開催している。
3 農家と消費者が顔を合わせ直接話せる、両者にとって貴重な場になっている。
4 マーケットを訪れると神戸の旬がひと目でわかり、見ているだけでも楽しい。
5 豆腐屋、パティシエ、コーヒー事業者など地元の若手の食事業者たちもマーケットに出店。農家との交流が生まれている。
6 野菜や農家と触れ合う機会は食育にもなる。
7 最近では、ファーマーズマーケットを手伝う20代の若者が増えてきている。

1 一般社団法人 KOBE FARMERS MARKET 理事の
メンバー（手前）と、マーケットの看板やテーブル等を
製作した設計チーム（奥）

2 スーパーや八百屋では見かけない野菜と出会えるのは
ファーマーズマーケットならでは。

3 農家が趣向を凝らすディスプレイは
個性的で見ていて楽しい。

4 ぶどうを栽培しワインを醸造する農家なども。

5 毎月最終週のマーケットでは、
神戸の野菜・果物を使った無料の料理教室を開催。

6 年に1度、「FARM TO FORK」という
公園全体を会場にした大規模イベントを開催。

7 農漁業者と都市住民の出店者・スタッフは
仲間のような距離感で付き合っている。

からズレがないか定期的にチェックしている。

　また、神戸市が推進する EAT LOCAL KOBE という取り組みを実現するために、ファーマーズマーケットは神戸市と一般社団法人 KOBE FARMERS MARKET が共催し、マーケットと食育のイベント（ファームビジット、農家の技術を活かしたワークショップ、料理イベント等）を通じて、神戸市民に対して食の意識啓発を行なっている。なかでも最近は、農漁業者ビジネス振興のネックになっている新規就業者育成の種まきになる活動に重点を置き、子供や若者が農業に関心を持つきっかけづくりに注力している。こうした食育活動はファーマーズマーケットの運営経費とは別に、国や市の委託事業や補助金に応募し活動原資を得ている。食育活動と農産物の販売という実利的なファーマーズマーケットでの収入を組み合わせて、一般社団法人の経営を成り立たせ、ボランティアではなく仕事として成立するよう努力している。

　では、出店者側の状況はどうだろうか。多くの農漁業者にとってファーマーズマーケットでの現金収入は家計へのインパクトが大きい。ある農家からは、マーケットがなくなると生計が成り立たなくなるので、やめないでほしいと言われたこともある。例えば収穫量が安定している農家は平均して毎回約3万円程度の野菜を売っている。毎週出店したとして、単純計算で月約12万円。年間約42回すべて出店すれば約126万円の収入だ。また、農家によっては加工品や野菜を使った朝ごはんを提供することで、収入を倍増させている。マーケットは個人客やホテル・飲食店関係者との出会いの場にもなっているため、マーケット外での取引にも大きなプラスの影響がある。

　数字に表れない成果もファーマーズマーケットでは得られる。それは、生産者同士あるいは生産者と飲食店事業者との交流から生まれる精神的な結びつきやアイデアだ。農業は自然と対峙する過酷な作業が求められ、農地で孤独に作業することが多く、人見知りの人も多い。ちょっとした農法の違いで同じ農家でも会話をしないこともある。しかし、毎週マーケットで集うと知り合いになり、悩みを相談しあったり、農法の違いなどを気にせず作付けや販路拡大についての情報交換などもされている。マーケットで売上が伸びない農家は、よく売れている農家と自らを比較し何が違うのか、何をすべきかを考察する機会にもなる。こういったことが毎週繰り返され、自ずと出店者は洗練され差別化され成長していく。それは端境期（季節の変わり目で収穫量が減る時期）の対策や取り扱い品種の工夫、ディスプレイなど人によって様々だが、ファーマーズマーケットは他者と交流することで自分の強み・弱みを見つける場にもなっている。

　他方では、生産者と飲食事業者の交流からアイデアやプロジェクトも生まれている。例えば、ビール醸造で廃棄されていた酵母を畑の肥料にし始めた農家がいたり、茅葺職人から古い茅を堆肥としてもらったり、コーヒーを入れた後のカスを使い始めた農家もいる。農家とコラボした商品の開発も盛んで、野菜を使ったパン・菓子をはじめ、いちごやぶどうを使ったビール、神戸産の小麦を使ったパンなど数多くの新商品が生まれている。最近では、麦芽・ホップ・水すべて神戸産を使用してビールを醸造するプロジェクトもスタートした。飲食店もファーマーズマーケットがあることから、農家と知り合いになり、そこから取引が始まり、今では市内の飲食店で神戸産の野菜を使ったメニューを見かけることも珍しいことではなくなった。

FARMSTAND
毎週を毎日に。地産地消を日常へ。

神戸の中心地・三宮からほど近い北野エリアに、八百屋でも直売所でもスーパーでもない FARMSTAND という店がある。ほぼ毎週開催されるファーマーズマーケットを進化させ、地産地消と顔の見える経済を定着させるために打った次の一手。農家と都市住民が一緒に働く、農地と都市の中間地点だ。

毎日営業、小さな物流、廃棄ゼロ

　EAT LOCAL KOBE FARMERS MARKET が始まり 3 年目を迎えた 2017 年。マーケットが安定的にほぼ毎週開催されるようになり、そこから神戸市内における農漁業者のビジネス振興をどう発展させていくかが課題になっていた。その一つの答えとして 2018 年 3 月末にオープンしたのが、毎日神戸野菜を買えるグロサリーショップ・カフェ「FARMSTAND」だ。FARMSTAND は、神戸市内の中心部・北野エリアで、農漁業者から仕入れた農作物・海産物を販売、それらを使った料理や加工品の販売、ドリンクを提供している。また、農家と交流できるイベントを開催するなど神戸の農業に関する情報発信拠点でもある。

　FARMSTAND は三つのことにチャレンジしている。一つ目は、店として毎日営業して神戸の農産物をいつでも購入できる場所をつくることだ。ファーマーズマーケットにより、生産者と消費者が土曜日に会って話を聞きながら買える場所はできた。FARMSTAND はさらに野菜を直接買い取り、農家の収入をより安定させることを目指す。一般的なスーパーや八百屋の多くは市場で野菜を買い付けて店頭販売し、農村の直売所の多くは委託販売しているが、FARMSTAND ではマーケットに出店している農家を中心にコストパフォーマンスや規格化を最優先としない、顔の見える取引を行う。買い取っている量は農家の生産量にもよるが、農家あたり月に 2 万円程度から 15 万円程度。農業の原価率は他のビジネスに比べると低く、売上の多くは農家の収入となる。野菜買取の金額を増やすことにより、ファーマーズマーケットでの収入と合わせて、神戸の農家の収入が増える。これは、次世代の農家育成にもつながる。また、神戸野菜を日常的に購入できる場所があれば、飲食店もメニューに取り入れやすくなるはずだという計算もある。(p23 図1)

　二つめのチャレンジは、小さな物流の仕組みづくりだ。農家と FARMSTAND が直接取引をするということは、どちらかが野菜を日常的に運ぶことになる。市場流通を前提とした取引では、大きなトラックで卸売事業者が農地から大都市に野菜を運ぶ。直売所の場合は、近くの農家は直売所に持参して野菜を置いていく。FARMSTAND のような小さな店では配送業者に運搬を依頼すると野菜の販売価格が非常に高くなってしまうため、FARMSTAND の運営会社スタッフが交代で野菜の集荷に回ったり、農家も野菜を集めたりと、お互い助け合いながら店頭まで野菜を運んでいる。これは、30 分の距離で農村と都市が共存している神戸

1 FARMSTAND店内。
　神戸市内を中心とした農産物・海産物を取り扱う。
2 毎日営業し、野菜の買取量と神戸野菜を買える機会を増やす。
3 カフェスペースもあり、ランチやスイーツ、
　ドリンクをイートインできる。
4 ランチは日替わりで、その日ある野菜で献立が決まる。

だから成り立つ仕組みだ。現在FARMSTANDでは、神戸市西区の農家10件弱を週3回3時間ほどかけて集荷に回っている。FARMSTANDと農家は普段から顔を合わせている仲間なので、農家が他の配達ついでに納品してくれたりと融通も効く。また、販売店が直接集荷することで、農家とのコミュニケーションの密度がよりいっそう高まる。物流距離がコンパクトになるので、環境にも良いだろう。

　三つめのチャレンジは、フードロスをできる限りなくすことだ。FARMSTANDでは野菜を買い取っているので、売れ残り野菜などの商品廃棄リスクがある。このロスのリスクが買取量を減らすことや、農家への買取額を下げることにつながってしまうケースも多い。

　FARMSTANDではカフェや加工部門を併設しており、ロスをゼロにするべく調理・加工を行っている。売り場にある野菜たちと向き合い、その日のランチの献立を毎朝決める。キッチン担当は日によって交代制なので、出たとこ勝負ではあるがFARMSTANDのランチでは他の飲食店では味わえないようなアレンジレシピがポンと出てくる。伝統的なメニューにその日閃いた現代的なアレンジが加わった1品に出会うと、食文化は現在進行形で生まれているのだと感じさせてくれる。

ダブルワークを許容する働き方

　このFARMSTANDで働いているのは、フリーランスの料理人、畑を耕すバリスタ、元温泉宿女将のイラストレーター、農家、ライター、不動産会社スタッフ、主婦、学生など多種多様な人たち。普通の店舗ではありえないような構成のメンバーが、同じ想いを抱き一つ屋根の下で働いている。主婦、学生以外のメンバーはそれぞれが別の仕事を持つダブルワーカーで、それぞれのスキルをFARMSTANDの運営に活かしている。例えば、バリスタからは焙煎したコーヒー豆を買い取り、料理人にはケータリングを発注し、イラストレーターには告知物のイラスト制作依頼など。フリーランサーがそれぞれの個性・特技を活かして互いに支え合う形態を模索している。

　FARMSTANDの運営体制は、マネージャー、コアメンバー、サブマネージャーという3つのポジションに分かれる。重要なのはマネージャーとコアメンバーの動き方だ。マネージャーは、言うなれば副店長のようなもので、現在は3人のマネージャーが毎日最低1人は店にいる体制だ。マネージャーが司令塔になり、メンバー間で情報を共有し合うことでFARMSTANDはマネジメントされている。さらに、週に3日以上シフトインできたり、店舗運営に欠かせない調理スキルを持つコアメンバーがFARMSTANDを支える。誰か1人に責任がかかりすぎないよう役割分担することで、働く側は無理なくダブルワークしながら、FARMSTANDで得たつながりや情報を自分の仕事や活動に生かしていく。一方、店舗側からすればFARMSTAND以外での仕事で得たモノが店づくりに還元される仕組みと言える。情報や人の出入りが活発な状況は、フリーランサーにとっても店舗にとっても好ましい状況だろう。（図2）

農家と都市住民が同じ場所で働く

　FARMSTANDの運営体制で注目すべきもう一つのポイントは、農家と都市住民が同じ場所で働いている点だ。その結果として育まれつつあるのが、農家と都市住民の日常的なつな

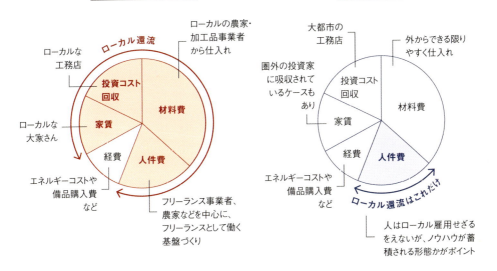

図1　ローカルで還流する経済の構造（左）とローカルから流出する経済の構造（右）。

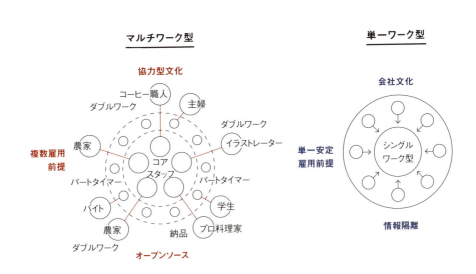

図2　マルチワーク型の働き方（左）とシングルワーク型の働き方（右）。

ファームマネージャーとして働く農家の森本聖子さん

FARMSTANDでは別の仕事も持つ人々がダブルワークで働いている。

農家とFARMSTANDのスタッフが協力しながら集荷を行う。

左から、農家の三宅幸江さん、衛藤知花さん、バリスタの富澤希望さん

FARMSTAND完成時（2018年3月）の様子

がりであり、新しい働き方だ。ここからは、FARMSTAND で働いている 2 人の農家の働き方を紹介していきたい。

　最初に紹介するのは、北区でいちごや野菜を栽培している森本聖子さん。森本さんは、もともと神戸市内の旅行代理店に勤めていたが、ベランダ菜園をしたことから農業にはまり、脱サラして 2013 年に就農。それを機に市街地・兵庫区から農村エリア・北区に引っ越し、現在は少量多品種で少し変わった野菜を育て、ホテルやレストランに卸している。EAT LOCAL KOBE FARMERS MARKET に初回（2015 年）から参加している古参出店者の 1 人で、取り組みへの共感も強い。料理人と農家がパートナーとして対等の立場で生活者に野菜を提供する。そういった関係・空気をつくるためにも、農家が都市と接点を持てる場所として FARMSTAND の存在は魅力的に映るようだ。

　森本さんは、FARMSTAND への野菜納品時にシフトインし、ファームマネージャーとして農家目線での売り場づくりや、スタッフやお客さんの野菜に関する疑問の解消、仕入れ先農家とのやり取りを行っている。森本さんがシフトインしていると、店内で交わされる何気ない会話に農地の香りが漂う。「もう農地の方では季節が変わってきた」「昨日待望の雨が降ったから今日は畑作業に専念します」「ハラペーニョやハバネロより辛いジョロキアは収穫する時に目が痛くなるんだよね」など、農地・野菜情報が自然と耳に入ってくる。一方で、森本さんは FARMSTAND で野菜を買う生活者の声を直に得られるし、一緒に働く仲間から役立つ情報も自然と耳に入ってくるという寸法だ。

　FARMSTAND で働くもう 1 人の農家・三宅幸江さんは、2009 年に有給の農業研修生に応募し夫婦で農業を始めた。幸江さんは洋裁の学校を卒業後に大阪のアパレル企業で働き、友人たちとのポットラックパーティ（持ち寄りパーティ）を通じて食べ物や暮らし方に興味を持ち、自然農塾に出会った。また、旦那さんはインテリアデザインを学び東京で働いたあとメッセンジャーや山小屋勤務など体を動かす仕事にシフトし、同じく自然農塾に出会ったそうだ。

　三宅夫婦は現在、北区山田町で自分たちらしい農業スタイル（本人たち曰く"自由農"）を追求している。野菜や米を栽培しながらお互いの前職経験を活かして、幸江さんは料理や帽子づくりのワークショップを、ご主人は大工仕事を請け負って、収入や都市住人とのつながりを得ているという。また現在、幸江さんは FARMSTAND で週に 2 回キッチンに入り、カフェメニューや加工品製造にも腕をふるっている。特に発酵をはじめとする伝統食・文化に関する知識が豊富で、一緒に働くプロの料理人も一目置くほどだ。また、都市で暮らす人のようにあくせくしていない、いい意味で自然体の存在感が店の雰囲気に与えている影響も見逃せない。都会住民のメンバーの中には、幸江さんと接して自分の足元を見つめ直した人も多いはずだ。自然と向き合いながら野菜を育て、伝統を取り戻しながら暮らしている三宅夫婦の価値観は、都市に生きる我々にとってシンプルで力強く、地に足がついている。こういった気づきが都市住民と農家の交流によって現代社会に還元されていく構図が、とても自然な形で FARMSTAND には存在している。

BIO CREATORS
CSA ～地域が支える農業の仕組み～

対価ではなく資金を農家に託す。農家は顔の見えない遠くの人ではなく、自分の代わりに野菜を育ててくれるパートナーである。欧米では一般的なこうしたマインドを、日本でも根付かせたいと行動している有機農家グループが神戸にいる。農家全体の 0.5％＊に過ぎない有機農家を増やすために、有機農家のグループが始めた CSA（Community Supported Agriculture）の取り組みを紹介。＊2013年8月農林水産省「有機農業の推進に関する現状と課題」より

農家と消費者の信頼関係

　神戸市西区に野菜の新しい販売方法に挑戦する有機農家グループがいる。CSA（Community Supported Agriculture）の「BIO CREATORS（ビオ・クリエイターズ）」と名乗る彼らが始めたのは、農家と消費者が直接出会うための仕組みとして海外で広く親しまれている、CSAという野菜販売方法だ。CSA は Community Supported Agriculture の略で、地域が支える農業という意味である。その特徴は、生活者が農家に野菜を栽培するための 3 カ月～半年分のお金をまとめて預ける点にあり、農家はそれを資金に栽培に関わる投資を行い、収穫した野菜を生活者に毎週届けるという仕組みだ。

　一見すると、ただ料金を前払いにしただけのように思えるかもしれないが、CSAの根底には自分たちで農業を支えるという農家と生活者の強い意志が垣間見える。生活者にとって農家は自分たちの代わりに野菜を育ててくれる存在であり、農家にとって生活者は責任を持って野菜を届けるべき相手で、互いに支え合う関係だという考えがそこにある。

　農家にとって最も大きなメリットは、天候に左右されやすい収入を安定させられる点だ。農家は収穫した量がそのまま収入になる。つまり、豪雨・干ばつ・熱波・寒波等により野菜を収穫できなかった場合は、そのまま収入がなくなってしまう。こういった場合、CSA では、生活者に届ける野菜の量にダイレクトに反映される。いつもより少ない量で野菜は届けられるが、それによって預かったお金を返すということはない。反対に、豊作の時は野菜の量はグンと多くなる。つまり、農家と生活者は一緒になって、豊作を喜び天候不順を悲しむことになる。それでも、CSA で野菜を買う生活者は、自分が信頼を置く顔の見える農家から新鮮な野菜を買うことに意味を感じている。馴染みのない野菜の買い方だと思うかもしれないが、実は CSA は日本の「産消提携」という考え方が外国で発展した仕組みでもある。

産消提携から生まれた CSA

　CSA は聞いたことがなくても、産消提携なら聞いたことがある人もいるはずだ。産消提携は、1970 年代の母乳の農薬汚染をきっかけに始まった有機農業運動の流れで 1981 年に発表された、文字通り生産者と消費者が提携するという考え方だ。当時日本では、公害問題が次々と発覚し、食の安全に対する生活者の意識が非常に高まっていた。そのような状況下

CSA 1回のお届け例。
季節の野菜と食べ方レシピのセットが届く。

CSAを行っている「BIO CREATORS」チームのメンバー
全員が神戸市西区の有機農家。

CSAに賛同してくれる店舗等で野菜の受け渡しが行われる。

CSAを盛んに行っているアメリカ・オレゴン州ポートランドの
農家たちが神戸に来訪し、情報交換が行われた。

　で、安心できる野菜・卵などの食べ物を手に入れるために生活者たちが自ら立ち上がり、生産者と提携する団体が各地に生まれ、その取り組みに産消提携という名前がついたのだ。公害問題が収束した後もしばらく産消提携は各地で行われていたが、団体と提携農家の高齢化にともない自然と活動は下火になっていった。現在では、次世代に受け継がれることなく数える程しか存続していない日本の産消提携だが、1980年代以降に海外で紹介されてからはTEIKEIあるいはCSAへと名前を変えて世界各地に根付いている（TEIKEIは海外で通じる日本語になった）。

　CSAが盛んな地域のひとつとして有名なアメリカのオレゴン州ポートランドは、都市の近郊に農地があり、消費地と近い場所で作物が栽培されていることで、作り手と買い手がダイレクトにつながっているため都市型農業の先進地とも言われている。そのポートランドから農家たちが神戸に訪れたことがあり、その際に農家のひとりが「私の農園の場合、全体の売上構成比のうち大きく分けると1/3がCSAで、さらに1/3がファーマーズマーケットでの売上、残りの1/3がレストランなどに卸す分」と語っていた。つまり、ポートランドではCSAは農家の生計を支える基盤になっていると言える。また、ポートランドの生活者は大抵の人がCSAを知っていて、3〜4人に1人は利用しているそうだ。現地では半年から年に1回の頻度でCSAのフェアが大々的に開催され、生活者たちが今年はどこの農家にCSAをお願いしようかと、出展している農家を見て回るという。好みや理念を見て選ぶほどに、暮らしに浸透している様子が伺える。

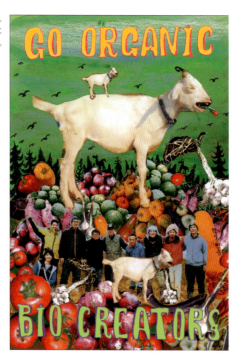

BIO CREATORS のイメージビジュアル。神戸在住の絵本画家 スズキコージ氏に製作を依頼した。

なぜいま日本で CSA を始めるのか

　では日本はどうだろうか。近年はネット通販や個配を利用する人も増えてきている。先に代金を支払い後で野菜が届くという流れだけを見るとCSAに近いとも言えるが、大きく異なるのはCSAのような農家と生活者間の顔の見える信頼関係の有無だろう。この信頼関係こそCSAの要だ。なぜいま日本でCSAを始めようと思ったのか。BIO CREATORSの窓口を務める、ナチュラリズムファーム の大皿一寿さん・純子さんに話を伺った。

——CSA を始めた直接的なきっかけは何だったのですか。

　私たちの場合、有機農家としてスタートしたのは2012年ですが、当初から先輩農家とも違う売り方や売り先を開拓しないといけないと思っていましたし、農業に対する自分の考え方に賛同してくれる人たちを募ってその方たちに売ったらどうだろうという想像はずっとしていました。ただ直接のきっかけは EAT LOCAL KOBE のファーマーズマーケットに参加するようになったことです。消費者と直接につながることができ、売れるようになったこと。また海外でCSAという取り組みがあることもファーマーズマーケットの仲間からの情報で知りました。それが自分がイメージしていたものと大変近かった。

——同じ西区の農家数軒で BIO CREATORS というグループをつくって CSA を行っているそうですね。

　はい、私のところを含め6軒の有機農家（naturalism farm、谷下農園、かなん農園、なちゅらすふぁーむ、fresco fresco、あぐりしあ）でチームをつくっています。理由の一つは、私たちは1軒1軒の農家では生産能力が足りないからです。何軒かが協力することで、供給的

にも安定しますし、また品目的に充実させることもできます。

　もう一つ大きな理由として新規就農者のサポートにもつなげられるのではという考えがあります。現在のメンバー構成は私のところともう1軒が数年の経験を持つ農家で、それ以外の4軒は良い野菜はつくっていますがキャリアとしては就農してまだ1年を過ぎたくらいの農家です。自分も就農したばかりのときは売り先に苦労したのを覚えていますし、ひとりで行っていたら生産と営業、配達の兼務は大変です。CSAという仕組みがあることによって彼らはお客さんを獲得でき、決済も早いのでキャッシュフロー的にも助かる。もちろん彼ら独自の営業も大切ですが、まずはつくることに集中させてあげたい。

　根本的に、このCSAという仕組みの基本には「応援／支え合い」の意識があると思っています。会員の方々もただ健康的な野菜が欲しいということだけでなく、文字通り自分自身が地域の農業のサポーターになるという気持ちが大きい。ですから、これからの可能性を持った若い農家を育てていくことに、彼らも前向きです。昨年ポートランドの農家が神戸に来て話をしたときに、私たちのようにチーム形式でCSAをしている事例はアメリカでは聞いたことがないと言っていました。日本の小規模農家においては有効な手法ではないかと思いますし、そこで新規就農者を組み合わせることは鍵になるのではという気がしています。

——CSAはこれまでの産直野菜通販とどういうところが違うのでしょうか。

　一番の違いは農家と消費者が互いに主体的に、直接つながっているところだと思います。私たちは事前にお金をもらうことで安心して野菜をつくることができ、消費者の方たちは顔の見える生産者から一定的に野菜を受け取れる。私たちにはいろいろな売先があり、もちろんどのお客様も大事ですが、CSAで直接つながって支えてくださっている方たちには特別な思いがあります。

　CSAでは野菜をお渡しする方法としては直接農家に取りに来ていただく方法と、私たちが信頼する街中のお店にピックアップステーションになってもらい、そこで受け取ってもらう方法の二つがあります。ただ、どちらにせよ渡しておしまいではなく必ず直接コミュニケーションをすることを大切にしています。

　今度CSAの会員向けに、メンバーの農園に来てもらう「ファームツアー」を開催する予定です。会員の方も畑を見て直接話をすることでより共感を持ってもらえるのではないかと思いますし、会員さん同士も仲良くなれる。一方、CSAのメンバーになっている農家の側も、「このあいだの、美味しかったよ」と直接聞くとモチベーションになりますし、自分たちのお客さんがどういう人たちなのかもより体感できます。

——CSAの取り組みは今後社会的にどういう風に育っていったら良いと思いますか。

　直近的なことで言えば、全体の売上構成比の中でまだそれほど高いわけではありませんが、CSAの活動が認知されていき、その比率が上がっていけば、農家はリスクヘッジができるし、経営も安定させられる。そういう可能性を持ったものだと思っています。もっと広い意味で言えば、農家と消費者が文字通りサポートしあって自分たちの食を将来にわたって確保していくための有効な手法、セーフティーネットになりうるのではないでしょうか。"お互い様"で広く手を結ぶことができればと考えている次第です。

Summary

互助的な仕組みによって成り立つ都市のスモールファーマー

経済成長の時代には、たくさんの農作物を効率的につくり、都市住民に供給するモデルが必要だった。今の時代、新たに農業を職業として選択する人は、農薬を使わない環境共生型の農業を選択する傾向にある。こうした人たちは、大規模輸送によってではなく、顔と顔を合わせて取引をしたい人たちが多い。しかし、実際に農家が消費者1人1人と会って配送したり、取りにきてもらったりすることは大変な労力を要する。スモールファーマーが成り立つために必要なのは、物流と生産協力をするためのプラットフォームだった。

ファーマーズマーケットは、消費者と農家が集える場づくりを行う事業だ。売上の一部はその場を運営するための経費になる。そしてファーマーズマーケットが毎週開催されることによってその運営自体も仕事になり、場として自立する。

FARMSTANDは農家から直接買い取り（一般的なスーパーの場合、野菜が届くには卸業者や市場を経由する）、輸送は店と農家で協力して担う。CSAは農家と消費者がダイレクトにつながるために、ピックアップポイントと時間を決めてお互いがその場所に寄る仕組みだ。農家は野菜をドロップし、消費者はピックアップする。

いずれにせよ、農家と都市住民が出会う場・コミュニティをつくること。同じ志を持った人々のたまり場ができると情報交換が促進され、数々の協力が生まれる。スモールファーマーという職業は今の時代に合っており、これからこうした互助的な仕組みに支えられて増えていくべきだろう。

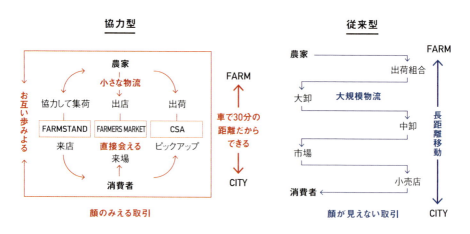

図　EAT LOCAL KOBEで行っている取引の流れ（左）と、従来型の農家→消費者の取引の流れ（右）

02
BUILDER

建設業の概念を変える

TEAM クラプトン
「DIT施工」が変える分業概念

予算がなければ建築はできないのか？ そんなことはない。材料をどうやって調達するかというアイデアと、一緒に手を動かしてつくる仲間がいればいい。施主と受注者という分業概念を変えるヒントがそこにある。誘ってみよう。だってつくることは純粋に楽しい。

一緒につくろう！

　TEAMクラプトンは、自分たちで設計も施工もする。ゲストハウス、シェアハウス、バー……etc。また施工の現場では施主や一般の人々も巻き込みながらつくり上げていく。彼らの原動力の真ん中にあるのは「つくることが楽しい」という感情であるが、しかし彼らの現場では、つくるという行為をきっかけにした人々のコミュニティと一体感が生まれていく。それを象徴するのが彼らのうたい文句、DIYならぬ「DIT（Do It Together）」＝「みんなでつくろう」だ。

　TEAMクラプトンはもともと3人の仲間から始まった。山口 晶（あきら）。兵庫県宝塚市の生まれで、中学から大学までをイギリスで学び、建築を学んだ後に帰国、設計事務所でインターンシップに入って働いていた。白石雄大（ゆうだい）。愛媛県の出身だが大学で長野県に住み、在学中に古い家屋を借りて友人と一緒に改装しながら暮らしていた。山角みどり。横浜に生まれて大阪→アメリカ→京都と引っ越し、インテリアデザインを学んだ後、住宅設計事務所で働いていた。

　3人に共通するのは、それぞれの問題意識から、コミュニティデザインの第一人者として知られる山崎 亮氏の事務所「studio-L」の門を叩き、インターンシップに入ったことだった。3人はそこで出会った。

　そして意気投合した彼らは山口に誘われて神戸に一緒に移り住んだ。そして神戸の元町で、ポール・アピスという外国人で雑居ビルのオーナーと知り合う。彼はビルの内装をリノベーションしたがっていたが（バーとシェアハウスにしようと考えていた）、工務店に一括で頼む資金が不足していることや、自分でDIYするにも時間がなかなか確保できずに悩んでいた。そこでクラプトンのメンバーは提案した。「作業報酬は要りません。材料費と食事代だけ出してもらえませんか？」。

　「その頃僕は明石の設計事務所で働き始めていたのですが、設計士はとにかくデスクワークなのです。たとえ自分で書いた設計図であっても、現場に行って大工さんと一緒に工具を持ってつくったりしてはいけないことになっている。でも、それがすごくストレスで。細かいディテールまで考えながら図面を書いている最中に何度も『これ、自分で出来るやん』と思ってしまう。だから週末に、自分で設計して内装の施工までさせてもらうことが"趣味"

阪急王子公園駅と春日野道駅の間の高架下空間を使ったTEAMクラプトンの作業場。

トイレがなかったので自作。

高架下物件のbefore。
むき出しのガランとした空間。

高架下物件のafter。
内装材は廃材などを上手に使用している。

としてできて、楽しくて仕方なかったのです」（山口）

　世間が提供してくれている、カラオケやボウリングなど出来合いのホビーではなく、彼らにとっては「つくること」が最高の週末の過ごし方だった。また仲間とその時間を共有する楽しさも格別だった。施工を経験したことのない友人を誘って一緒につくるスタイルもこのときから変わっていない。

　しかし、徐々に仕事の依頼が彼らのもとに舞い込むようになる。カナダ人のバー・オーナーから相談が来た。外国ではDIYをすることは普通の習慣だが、日本だと一から十まで工務店に頼まなければならず、かつ費用も大きい。オーナーはTEAMクラプトンが持つ軽やかさに、居心地の良さを覚えたようだった。「君たち、予算は出すから、施工を注文できないかな？」

　だがクラプトンの3人はもともと週末の楽しみとして始めたことだったので迷った。このときはまだ3人とも平日は雇われで働いていた。山口は設計事務所で、白石はまちづくりの会社で、山角は地域情報誌の会社で。しかし、せっかくの嬉しい申し出なので結局受けることにした。平日はオーナーとバーの従業員にDIYで施工をしてもらい、週末にクラプトンがその続きの施工をする。オーナーやバーの従業員にはレクチャーをして、また材料も予め準備した。

　「オーナーはお金を出してくれている側なのに、かなりの割合を自分で作業していました（笑）でも、自分でつくった部分には特別な思い入れがあるでしょうし、空間への愛着も湧きます」（みどり）

　そして徐々に問い合わせが増え、3人は職場を辞め、気づけばTEAMクラプトンの仕事だけで食べていけるようになっていた。

予算がなくても工夫でカバー

　DIT施工には次のような利点がある。すなわち、これまでは何でも外注してしまっていた作業の一部を抑えることができるようになる。もちろん工務店の技術は確かだし、全部頼みたい人はそれで良いだろう。忙しい人は信頼できるプロに、相応の人件費を払って一括で引き受けてもらうのは現実的な選択である。そうすることで、自分の時間は他に使えることにもなる。「でも、予算が少なかったら建築はできないのかと言えば必ずしもそんなことはないと思うのです。その場合、どうしてもプロに頼まないといけない部分はお願いして、自分でできる部分は工夫しながら行えばいい。また自分ひとりで心もとないのであれば、手を貸してくれる人を呼んでください、と。出来ない部分は僕らが助けますし教えます」（山口）

　また、予算と関係するもうひとつの大きな要素は材料費である。当たり前だが材料が高ければ見積もりは上がる。だったら、工夫を凝らして素材を廉価で仕入れればいい。廃棄される予定の材を再利用する。通常は内装に使わないようなものであっても大量に安く仕入れられるものなら、それを活用する事を考える。お金で足りない部分は知恵とセンスでカバーする。

「つくる楽しさ」を共有

　予算をかたちづくる大きな要素は人件費と材料費。そして人件費を抑えるためにできる最初のことは、「自分でできることは自分でやる」。だが、TEAMクラプトンの出発点を再度振り返ってみよう。「これは僕らにとっての楽しみなので、作業報酬は要りません。その代り、

1 「神戸ゲストハウス萬家(まや)」の設計施工をTEAMクラプトンが担当。多くの人と一緒にこの空間をつくりあげた。

2 「神戸ゲストハウス萬家(まや)」外観。診療所の建物をリノベーションした。

3 「神戸ゲストハウス萬家(まや)」ベンチ制作の様子。ペンキ塗りには子どもたちも参加。

4 神戸・元町にあるビルにあるシェアハウス。クラプトンにとっての活動の原点。

1　EAT LOCAL KOBE FARMERS MARKET の
　　ディスプレイなどのアイデアもクラプトンが協力。
2　軽トラの上に簡易なアタッチメントをつけるだけで、
　　屋台に早変わり。これもクラプトンの提案に基づく。
3　TEAM クラプトンのオリジナルメンバー。
　　左から白石雄大、山口晶、山口みどり（旧姓・山角）。
4　神戸のみなとのもり公園で行った
　　「DIYウェディング」の設営の様子
5　作業の後は、みんなで一緒に食事。これも楽しみの一つ。
6　神戸・北野の FARMSTAD の内装の一部も手がけた。
　　農家さんも一緒に DIY。
7　TEAM クラプトンがつくった電話ブース。

材料費と美味しいご飯はお願いします」。つまり、「楽しさ」が人件費の代わりになっていたことがわかる。

「僕らの活動の根幹にある『つくることは楽しい』という部分は昔も今も変わりません。たとえば人が料理をする根源的な理由は、つくるのが楽しいからですよね。ただ単に食事をするという行為について効率だけを追い求めるなら、究極的にはキッチンすらなくなって、ひたすら出来合いのものを買って食べるということになるでしょうから。もちろん『買う』ことを否定しているつもりはありません。建物だって同じで、工務店さんの時間をお金で買うことで自分が自由になるならそうすれば良い。けれども僕らの場合は、自分たちで料理して、それでできたご飯を仲間と一緒に食べるのが一番楽しいと感じるタイプ。だから、空間を一緒につくったり、またそういう時間を共有したりすることが好きなのです」（山口）

そう考える彼らのもとには、同じく「つくることが楽しい」と感じる人たちが自然と集まってくる。その人たちは、お金でなく、楽しさをエネルギーに活き活きと働く。

「知り合いづたいに聞きつけて手伝いに来てくれた人の中には、インパクトドライバーを持つことも丸ノコで木をカットすることも生まれて初めて、というケースも少なくありません。多くが初心者です。けれども、始めは見ていてこちらが心配になるような、おぼつかない手付きでいた人が、何度も来るうちに気がついたら堂々とした手付きで道具を使いこなすようになっている。人の成長や変化を見るのは楽しいなと思います」（みどり）

そして一日の作業が一段落すると、皆で一緒にテーブルを囲み、たわいもないおしゃべりをしながら食事を共にする。クラプトンの現場を手伝いに来る人々は、その時間、そのコミュニティを、かけがえのない価値と思っているだろう。むろん少しずつ上手くなっていく自らの腕前についても対価と感じながら。若い人たちの中には職人的な仕事をしたいと思っている人は実際多いのだ。

新しいビルダーが育っていく

今はつくらないで、与えられるモノをそのまま買うということが日常の中で当たり前になり過ぎている。もちろん、30年ローンで建売の家を数千万円で買う人がいてもいい。だが、それとはもう少し違う選択肢・観念があっても良いとTEAMクラプトンは考えている。

「今後、オープンな工房をつくりたいんです。街中だと自宅で音を出したり、大きなものをつくったりすることは難しいと思うんですけど、ここに来ればそうした作業ができて、つくったものを持って帰れる、という場所。僕らが神戸・灘区の高架下に持っているベース（作業場）をシェアできると良いのかなと」（白石）

最近では、TEAMクラプトンのプロジェクトごとに、現場を手伝ってくれる人々が必ず一定数確保できるようになってきた。また、手伝ってくれた人の中から、本格的に自分で内装の仕事を受けて行う人たちも現れ始めている。仕事の規模や性格によってクラプトンと共に行うこともあれば、自分ひとりでできる仕事なら単独で受けて行う、というように柔軟なネットワークができつつある。自分でつくれる人が増えていくと、家のつくり方や所有の仕方も多様化していくかもしれない。

茅葺き職人集団 くさかんむり
古くて先進的な茅葺き住宅

茅葺き古民家というと文化財というイメージを抱くかもしれない。だが、建設時に産業廃棄物は出ない。また草木竹土でできているので全部土に還る。そして畑の肥やしとして循環する。ヨーロッパなどでは現代の住宅でも積極的に取り入れられている。茅葺き住宅には現代にアップデートされる余地を多分に持っている。

農がある暮らしの中のサイクル

　茅葺古民家の保存を目的として、神戸市北区淡河町を拠点に活動を行っている職人チーム「くさかんむり」。もうこの活動が始まって10年になる。代表を務める相良育弥さんは、さかのぼれば専門学校の建築デザイン学科を出た後、就職せず日雇いのアルバイトとDJをしながら空いた時間で本を読んでいた。そのときに『自然農法 わら一本の革命』(福岡正信著)という本に出会い、"百姓"になろうと思った。今からおよそ20年前、20代前半の頃だ。

　ちょうど淡河町にある祖父母の家を譲り受けて住み始めたときだった。畑もあるし種を蒔いてみた。けれどもいきなりはうまく行かない。これではメシは食っていかれへん……。そんなときに誘われたのが茅葺き屋根を葺く仕事の手伝いだった。

　手伝いに行った日に親方に聞かれた。「お前は何したいんや？」。相良さんは歴史学者・網野善彦さんの言葉をひいて「世の中を生き抜くことのできる100のスキルを身につけた人、すなわち"百姓"になりたい」と話した。まだ自分はそのうちの2、3くらいのスキルしか持ってない、ということも。そうしたら親方いわく「少なくとも、百のうちの10くらいは茅葺きの中にあるぞ」。縄を結わえるときのロープワーク。刃物を研ぐこと。屋根をつくる技術。年月が経ったらそれを土に返す技術。茅葺きというのは実はお百姓さんが生活していく上で使う技を集結したものだということがわかってきた。

　茅葺き屋根は、自分たちの生活を雨風から守ってくれるのと同時に、葺き替えるときが来て茅を土に返せば肥料になる草の屋根だ。つまり屋根の上で肥料を育てているのと同じということになる。

　考えてみれば、昔は茅葺き職人という専任の職業はなく、農業との兼業だった。家があって畑があって田んぼがあって、米づくりしながら、冬、農閑期が来ると村落の人々で協力しながら家々の屋根を一緒に葺く。屋根の茅は年月を重ねていくうち、雨や風、太陽にさらされて、およそ20年が経過した辺りで土に返されて肥料になる。それが農のある暮らしの、もともとのサイクルだった。

　「100のスキルのうち10も手に入るのか」。それなら、と本格的に弟子入りしてることにした相良さんだったが、始めてみたら10どころか、それ以上のスキルが内包されており、ますます面白くなってきた。

1 老朽化した茅葺屋根を修復している様子。
2 EAT LOCAL KOBEの秋のイベント「FARM to FOLK」で、「茅と竹を使ったレストラン」という催しが実施された。
3 外壁一面が茅（かや）を使ったデザインのヘアサロン。
4 「FARM to FOLK」で茅葺きを使ったブースの設営を行っているところ。

「それまでは、食べるものをつくる行いが百姓だと思っていたのですが、実は暮らしていく技全般が百姓なのだということを、茅葺きと出会ったことで教えられた」

茅葺きは先端的な住宅

　意外と知られていないが、全国的に見ても神戸市内は茅葺き古民家の現存数が多い。主には北区と西区で、中でも相良さんの家がある北区淡河町が最も多い。北区全体では700棟以上に及ぶ（2015年度実態調査）。

　ただ、相良さんの父親世代は、茅葺き民家に価値も魅力も感じていないケースがほとんど。あんな不便で古臭くさい家とは早くおさらばして大手住宅メーカーの新築一戸建てに替えられたら、と思っている。実際、祖父母が他界した途端、相続した古民家が潰されるケースは非常に多い。

「実は茅葺き職人も、僕らよりずっと年上、おじいちゃんの年代か、僕らの年代かのどちらかで、僕の親父の年代の茅葺き職人はあまりいないんです。正社員のサラリーマンになって終身雇用を得るのが理想とされた世代ですから。彼らからしたら茅葺きなんて古くてダサいという認識」

　けれども、その息子の代である自分からすれば、逆に目からウロコ、ある意味「先端」と映る、と相良さんは言う。建てても産業廃棄物は出ない。それどころか草と木と竹と土だけでできているので全部土に還るか燃料にすることができる。日本の風土にある素材を巧みに使いこなしてつくられている。とても合理的かつ日本的。

「僕は便宜上茅葺き職人と名乗っていますけど、ただの屋根と見ているわけじゃない。もちろん職人ですから綺麗な屋根を葺くのは当たり前、でもそれが将来肥料になって土になって、そこから収穫された作物を誰かが食べて"ごちそうさま"っていうところまでを視野に入れて、茅葺きから刺激を得ているのです」

材料費が高騰する現実

　一方で、茅葺き民家の屋根を葺き替えるためにかかるコストは、過去最高と言っても良いほど高額になっている。というのも、何より材料費が高い。本来は集落内で、各世帯が畑の畔のススキなどを刈らずに残しておいて、それらを集めて束にしたもの（この束のことを「茅（かや）」と呼ぶ）を使って屋根にするという、お金のかからない「地産地消」スタイルが持ち味であったはずなのだが、今の時代そうした循環が失われてしまい、茅のほとんどは熊本県や静岡県から購入して長距離輸送されてきたものが使われている。

「実は屋根を葺き替えるための費用の50％が材料費なのです。言い換えれば、茅さえ調達できれば現在の費用は半分にディスカウントできるというわけです」

　相良さんによれば数年前から、神戸市が北区内で茅場を新たにつくっているが全然足りないとのこと。たとえば、くさかんむりが1年間に茅葺きの仕事で消費するススキの全体量のうち9割が他県から購入されている。現在は、兵庫県内の休耕田や荒れ地を転用して昔、村落に必ずあった"入会地"をつくれないかと思案している。昔は、村や部落内で共有使用された入会地と呼ばれる場所があり、屋根を葺くための茅を採取するための草刈場もその中に含まれていた。現代に入会地を復活させ、茅葺き古民家の所有者は、自分で刈り取って運ぶ

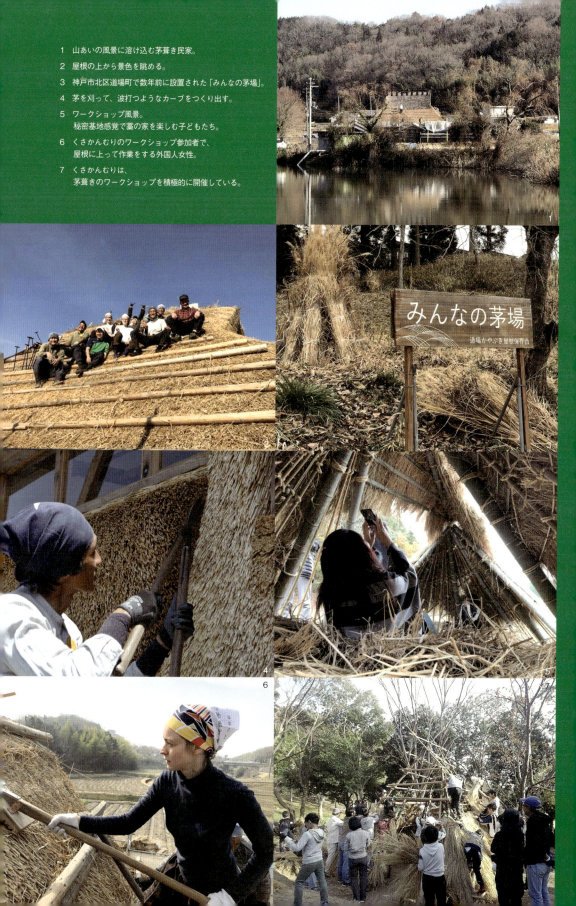

1 山あいの風景に溶け込む茅葺き民家。
2 屋根の上から景色を眺める。
3 神戸市北区道場町で数年前に設置された「みんなの茅場」。
4 茅を刈って、波打つようなカーブをつくり出す。
5 ワークショップ風景。
  秘密基地感覚で藁の家を楽しむ子どもたち。
6 くさかんむりのワークショップ参加者で、
  屋根に上って作業をする外国人女性。
7 くさかんむりは、
  茅葺きのワークショップを積極的に開催している。

1 EAT LOCAL KOBE の秋のイベント「FARM TO FOLK」にて。
　手前がくさかんむり・相良育弥さん。

2 オランダやデンマークを筆頭に、ヨーロッパでは現代的な
　デザインをした新築の建物で茅葺きが積極活用されている。
　写真はオランダの消防署。独特のカーブした屋根が印象的。

3 茅葺きは曲面の表現力に秀でている。

4 神戸市北区・淡河えびす神社の新築茅葺き。
　ヨーロッパの茅葺きの工法を取り入れた実験的な試み。

なら、そこからただで茅を持って行って良いということに出来ないか。
「そうすれば、自ら汗をかいても良いという人は茅をそこから手に入れ、費用を大幅に下げることができる。他方、予算があるので全然構わないという人は他県から調達すれば良い。少なくとも、家のオーナーさんが選べるような環境にしたいんです」

茅葺きを身近な存在に

もう一つ、心がけているのは一般の人たちに向けた体験ワークショップを積極的に行うことである。秋の開催が多く、10月から12月くらいまで毎週のように神戸近郊で行っている。前述の通り、昔は、屋根を葺く作業は村落の人々みんなで行っていた。でも現代において一般の人々から茅葺きは縁遠い。だから少しでも多くの人に現場を共有してもらいたいという。
「たとえば、屋根に上がって作業した後、そこから街を眺めるだけでも、ちょっと違ったものが見えてくると思います。夕日がずっと遠くまで見えたり。それだけでも大きい経験になる」。
もう10年間ワークショップを続けているので、のべ何千人という人が体験していることになる。最近、淡河町を中心に神戸北区で茅葺き一軒家に住みたいと物件を探している若い層が増えてきているのも、一連の啓蒙活動の賜物といえるかもしれない。

伝統をアップデートする

相良さんは毎年オランダに視察に行っている。なぜなら、オランダが世界でも群を抜いて茅葺き先進国だからだ。1995年、今から20年以上も前に市街地で茅葺き屋根の新築建造物を建てることが条例で認可された。オランダでは、現代建築家が新築の建物をデザインするときのアイデアの一つとして茅葺きがある。ユニークな曲線美やレリーフ要素を持った表現が茅葺きは得意なのだ。なんと、年間2000棟の茅葺きを使った新築が建てられ、しかも一般の人気も高い。さらにオランダの取り組みから感化されるかたちで、その周辺の国でも、新築の茅葺きが作られるところが増えている。

また2年に1回、オランダ、デンマーク、ドイツ、スウェーデン、イギリス、南アフリカそして日本の7カ国からなる世界茅葺き協会（ITS = International Thatching Society）の世界会議が加盟国の持ち回りで開催されている。そして次回がなんと日本。2019年5月に、岐阜・白川郷、京都・美山、最後に神戸・北区の順で、茅葺き関係者150名が海外から視察に訪れることになっている。相良さんたちは実行委員を務める予定である。

「今後について言えば、古民家を保存していくことも大事ですが、より望ましいのは、神戸市の北区や西区で、新築の茅葺き民家が積極的に建てられるようになれば良いと思います。現代のエコハウスのように気密性を持たせるところは持たせ床暖房や薪ストーブを取り入れたりと、現代的な生活も踏まえつつ、伝統的な茅葺きの良さとハイブリッドさせた新築の茅葺き住宅の可能性を、もっと日本でも模索できたらいい」

神戸市北区山田町には日本最古と推定される古民家「箱木千年家（はこぎせんねんや）」がある。それと、伝統をアップデートするような、日本で一番新しい茅葺き民家が共存する街にいつか神戸がなったら嬉しいと語ってくれた。

MARU（マル）
地元の木を循環のサイクルに乗せる

全国的に問題となっている山林の放置。放置された山は土がやせ、自然災害の原因ともなりうる。神戸市民にとって身近な六甲山もまた、メンテナンスと、その活用が課題になっていた。山崎正夫さんは街と山の木の関係を更新し、そこに新しいサイクルを作り出そうとしている。

六甲山は"林業のない山"

地下鉄海岸線ハーバーランド駅から海に向かって10分ほど歩くと、造船関係の工場がたくさん集まっているエリアに行き着く。兵庫区西出町の辺り。60年続いた木造船制作の工場「マルナカ工作所」もその中にあった。後継ぎがいないため、オーナーの高齢によって廃業を決めたが、使いこまれた工作機械やこの場所の歴史が失われるのは惜しいと、六甲山の木の活用について活動している「SHARE WOODS」代表の山崎正夫さんが場所を借りることにしたのだった。

歴史を紐解けば、この地域には、港町神戸ならではの、港にたどり着いた材木を製材し、一次加工、二次加工をする工場があったり、神戸家具と呼ばれた、外国人が居住していたことから需要が生まれた欧風家具の職人たちの仕事場があったり、木工のインフラが築き上げられていた。時代が変わり衰退しつつあるものの、まだよく見ればうっすら残っているそうしたインフラを活用して、六甲山の木材を加工・流通させる仕組みをこの場所からつくれないだろうか？　山崎さんはそう考えた。

もともと輸入木材の販売業者だった山崎さん。営業のため日本全国を回っているうちに、国内林業の衰退の現実に危機感を覚えるようになった。そこから国産材を広める活動も独自に行ってきた。また山崎さんは4年前から神戸市の相談を受けて六甲山の間伐材を有効活用するための活動を始めていた。六甲山は明治の後半まではげ山だったが、土砂災害を招くきっかけともなっていたため、その頃に大規模な植林が行われた。そして今日では緑に覆われた山になり、神戸市民はハイキングなどを楽しんでいる。

ただ、六甲山には"林業のない山"という側面もある。林業の仕組みを持った山であったなら、木を植えて育ったら間伐の目的で定期的に切り、手入れをして、また大きく育ったら木材として切って運んで売る。さらに新しい木を植えて……というサイクルをつくって、森を常に良い状態に保つことができる。けれども六甲山は部分的に市有林だということもあり、木を切って販路に乗せる仕組みを持っていない。そのため、間伐は十分ではなく、切られなかった木は大木化して、それが要因で山が崩れる危険が生じるという負のサイクルになってしまっていた。

こうした状況を受けて2012年、神戸市は計画的に山の木を間伐し整備していく戦略を打

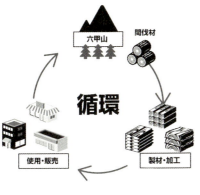

1 現在、MAR Uを運営する、SHARE WOODS代表の山崎正夫さん(左)。
2 六甲山の間伐材を循環させるエコシステムの図。
3 MAR U外観。若手の木工作家も増え、ものづくりの工房としての機能を強化していく予定。
4 MAR Uがある辺りは、湾岸沿いに造船所の風景が広がる。戦後、港町神戸の経済をつくってきたエリアだ。

ち出した。ところが、「切った木をどう活用するか」の指針が具体化されていなかった。「六甲山ブランドの木製品をデザイナーと共同して製品化する」と謳いながらも、どう手をつけたものか、実際には数年間、足踏み状態が続いていた。そんな中、山崎さんに相談が来て、六甲山の木の使いみちを一緒に考えることになったのだった。

表六甲と裏六甲、両方の課題

　六甲山には表六甲・裏六甲があるが、表六甲、すなわち尾根より南側は主に市有林、つまり行政の管理している林なので商用利用をすることはできない。またクスノキやカシといった広葉樹が中心で、なおかついろんな種類の木が混ざり合う雑木林のため、建材として大量に活かすことも難しい。そこで、市役所のベンチや、子どもの環境学習ワークショップで使用する木のおもちゃなどといった、公共的な用途で少しずつ使われる機会を増やすようにした。

　一方、裏六甲、すなわち海側から見て尾根を越えた反対側にあたる、有馬町などの林の多くは民間が所有しており、また木の種類も表六甲と違いスギ・ヒノキが中心だった。建材としての活用が十分に可能で、かつ商品展開して市場に出して販売できる可能性もある。

　もっとも、従来は裏六甲においても林業があるわけではなかった。村の人々が自発的に間伐を年に1回はするものの切った木はそのまま山に放置されていた。木自体の質は決して悪いわけではないが、林業の仕組みがない、すなわち間伐した木を売るための「原木市場」が近隣にない。売りに行くとしたら、はるばる日本海側の町か、姫路の山奥まで車で運ばないといけないので、売ることを諦めざるを得なかった。したがい結局のところ、裏六甲の木にしても有効活用はされていなかった。

　そこで山崎さんは「山に直接引き取りにいくので、原木市場と同等の相場価格で売ってください」という交渉をして、定期的に裏六甲の木を買い入れ、それらを商品化して市場に流通させる手はずを整えることにしたのだった。

「MAR U」を起点に

　ここで冒頭の話に戻る。それまでほとんど利用されてこなかった六甲山の間伐材を活かす筋道は見出した。しかし、丸太を製材・加工し、使用・販売につなげていかなくてはいけない。そこで奏功したのが、MAR Uがある場所の周囲の木工ネットワークだった。前述の通り、この辺りに軒を連ねていた製材所や木工所は時代の変遷と共に減っていき廃業が相次いでいたが、まだかろうじて、そのネットワークが残っていた。たとえば、MAR Uから車で10分、同じ兵庫区にあるデンマークの家具を販売しているショップ「北の椅子と。」が入っている大きな倉庫は、もともと製材所だった場所だ。現在は建物の半分がヴィンテージ・デンマーク家具のインテリアショップ兼カフェ、もう半分で製材所の営業が続けられている。六甲山から運んできた丸太の製材をその工場で製材してもらえることになったのだ。

　また、山崎さんの以前からの知り合いの設計士のご家族が西出町の辺りで木の加工所を営んでいるという。結果、知り合いの工場で製材された木材が、同じく知人関係の木工所で一次加工されることになった。そして表六甲の木なら、公共的な用途の案件に使われていく。あるいは、裏六甲の山から買ったスギやヒノキであれば、民間の店舗や施設で使う建材として販売する。また自然のなりゆきとして、その知り合いの設計士が手がけた空間に、六甲山

1　六甲山の間伐材。近年まで活用の道がなかった。
2　裏六甲での間伐の様子。
3　スギ・ヒノキなど、裏六甲の間伐材および原木を保管・販売している。
4　神戸市兵庫区にあるヴィンテージ家具の店「北の椅子と。」に隣接した工場で、六甲の木材が製材されている。
5　「KOBE もりの木プロジェクト」の会議も行われている。
6　六甲山のヒノキを使ってスツールを作る講座なども行われている。

1 MAR Uでは年に2回、材木市を開催。
　無料でもらえる端材も含め、いろんな木が物色できる。

2 六甲山のスギ間伐材でつくられた、
　コーヒーショップのカウンター（北野・RIO COFEE）。

3 六甲山ヒノキでつくった木のおもちゃ。地元の木に
　対する関心を子どもたちに持ってもらうきっかけにも。

4 六甲山材でつくられたイベントのコンシェルジュ・
　ブース（KOBE HAPPY HOLIDAYS MARKET2018）。

の間伐材が使われるケースが少しずつ増えていった。

　最近まで有効活用されてこなかった六甲山の木。そして、失われかけていた神戸・兵庫区の木工ものづくりネットワーク。それらが、MARUを起点に結びついて、ものづくりの新たなエコシステムがかたちづくられることになった。少しずつであるが、好循環と呼ぶべきものが生まれつつある。

　また、こうした動きが徐々に周りに認知されるようになってきたことで、地元の企業や設計士なども山崎さんにコンタクトを取り、六甲の間伐材を使うようになり始めている。流通量が少ないためメジャーな国産材と比べればまだまだ高い。しかし官民が協力していけば、少しずつコストダウンもなされていくはずだ。

　地元の山の木を使うというシステムを持たなかった神戸だが、こうしていざ歯車が噛み合い始めると、利点も大きいことに気づく。すなわち、山と、加工・製造の場所と、できたものを届ける消費地と、その二つがコンパクトにまとまっているということ。そもそも、都市圏でありつつ、すぐ山があるという環境自体が珍しい。ハイキングなどで日常的に六甲山に親しんでいる生活者も多いので、山のことに対して関心を喚起したり理解してもらうことはしやすい。土砂災害対策の点から「山は手入れをしないといけない」という賛同も得られやすい。

六甲山の木と街の人を出会わせていく

　山崎さんが次を見据えて今後していきたいことの一つは「山の中に作業道をつくること」だ。「山から木が出てこなかった理由の一つとして、道の問題があるんです。たとえば裏六甲で木を購入するときも、現状は林道と直接つながっていて引いてきやすいところの木だけになりがち。大事なのはその先の作業道を山の中に新たにつけること。実際、全国的に木が出てこない山がいっぱいあるのは、そこに道がないことがボトルネックなのです」

　山崎さんが重視しているもう一つは、一般の人たちが木に触れる機会を増やすこと。MARUをシェア工房にし、そこで木を選んでもらってその場で工作・DIYしたり、この場所のスタッフが大型機械でカットサービスをしたり、そういう場所としてもっと活かしていきたい。春と秋には材木市も開催している。「やっぱり親しんでもらう機会が増えることが大事。それが地元・六甲の木だとわかることで、より親近感を持ってくれると思うので、もっとこの場所を開いていきたいです」

Summary
これまでの概念を変える新しいビルダーたち

　内装工事は、一定規模の予算がないと実施できないケースが多い。施主が持っている設計の要望を満たす材料費と、それを組み立てて施工する人件費により構成された見積もりが作成される。工事には大きな費用がかかるので、工事費を削減する工夫を工事会社が行っているが、その方法は材料を工場で大量生産するか、現地での施工手間をできるだけ減らせるパズルのような建築材料を工場生産するという方法だ。

　しかし、近年現れたビルダー（建設業者）の中には、予算がなければ素材を廉価で手に入れる、建物や内装材を再利用しながら廃棄を減らす、あるいは、その地域にある固有の材料を使えるようにする仕組みづくりまで手がける人たちがいる。

　また、施主と受注者という分業概念を壊し、互いが仲間になりながら一緒に空間づくりを行うビルダーも登場している。

　こうした新しいビルダーは、デザインと施工が分離し、規格化した工業製品を使うことが中心の建築業界において、貴重な存在だ。地方都市の状況をつくり変えようとする若者は飲食店やゲストハウスなどの場づくりからスタートすることが多い。そうした事業者にとってローカルにある素材で場をつくりかえるビルダーは重要なキーマンであり、重宝される存在になり得る。

　また職人的な仕事をしたいと思っている若者も多い。元来建設業は大きな雇用を生む職業である。新しいかたちのビルダーは若者が憧れる雇用をつくり出す可能性を大いに秘めている。

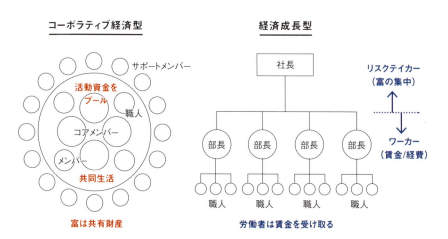

図　有機的に協力しながら作業する「協力経済型」（左）と、経営者と労働者が割り切った関係の「経済成長型」（右）。建設業においても前者タイプが現れつつある。

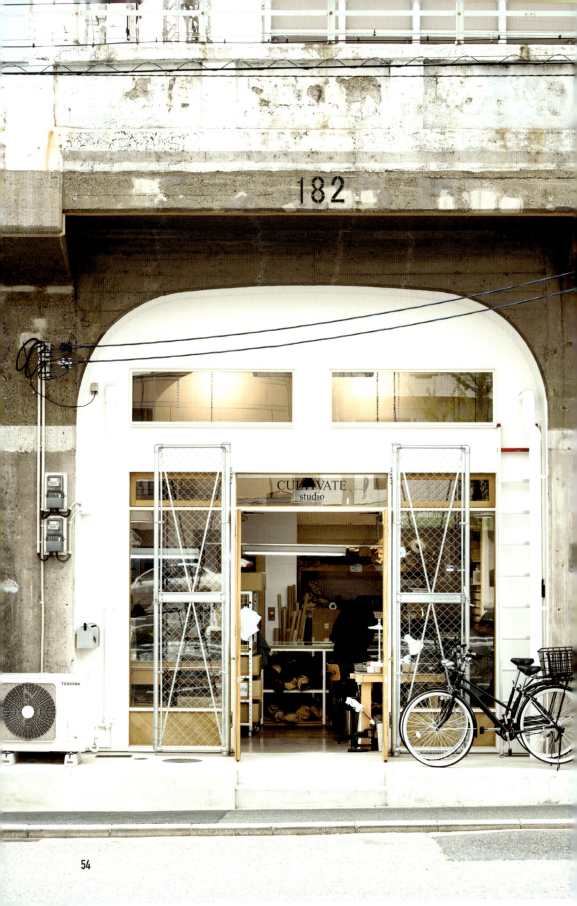

03
MAKER

ローカルでつくり、
外需で稼ぐものづくり

Cultivate Industry
生産背景が近いことが大切

外需型のスモールメイカービジネスはアパレルやクラフトの領域でも始まっている。営業・セールスは出張型で良い。日本を飛び越えて海外の展示会へ。オーダーを取ったら戻って納品する。アトリエを構える場所は、素材の産地に近いことがむしろ大事。鞄をつくるメーカーにとって、神戸は良い立地である。

神戸の中心地、三宮近くの阪急王子公園〜春日野道駅にまたがって続く高架下の空間にもものづくりの人々が集まり始めている。家具屋、内装業、アパレルの職人、額装の工房…etc。その後、新たに靴の工房や造園業の会社などもここへ移ってきた。なぜ、彼らは高架下という場所を選ぶのか。

生まれ育った町からものづくりをする

岩永大介さんと弟の信介さんは、バッグブランドの会社「Cultivate Industry」を2007年に、主軸ブランドである「cornelian taurus by daisuke iwanaga」も同時に立ち上げ、2015年にこの高架下に移ってきた。今は工房兼ギャラリーとして活用している。

自身のブランドを立ち上げる前は東京に5年間いて、アパレルメーカーで洋服を買い付けるバイヤーの仕事などをしていた。そして仕事を終えて家に帰ると、自分の作品を製作していた。30歳で独立してブランドを立ち上げ、そのタイミングで神戸に戻ってきた。

会社を始めるときから王子公園近辺で拠点を持ちたいと思って探していたが、そのときは良い空間と出会えなかった。天井が高い場所をずっと探していたが、日本だとなかなかそういう空間は少ない。今の場所はイメージどおりだった。

東京でアパレルの仕事をしてきて、そのまま東京で開業ということは考えなかったのだろうか。「もちろんそれも考えました。けれど、僕らがつくっているのが革製品であることを考えたときに、産地が近いことはとても大事だと判断したのです。日本の革製造のシェアの約7割は兵庫の姫路市とたつの市なんですよね。逆に言えば、今の時代、ものづくり自体はどこにいてもできると思います。

もうひとつは、会社を始めたときから、国内以上に海外に向けたオリジナルバッグの卸売というビジネスモデルで考えていたため、『日本人として』自分たちにしかできないことを表現しなければダメだという気持ちが強くありました。僕らはもともと東京で生まれ育ったわけではない。自分だけの個性やアイデンティティとは、生まれ育った場所からしか出てこないのではないか。そうした考えに行き着いた結果、生まれた土地からクリエイションをしていこうと考えたのです」

また作業を外注する革職人も関西圏内に集まっている。卸売なので、オーダーは、海外で

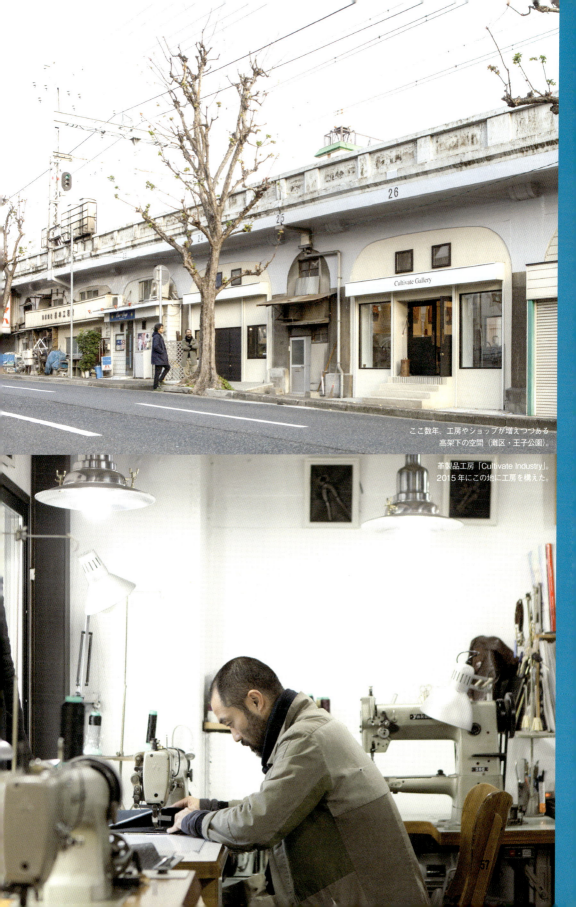

ここ数年、工房やショップが増えつつある高架下の空間（灘区・王子公園）。

革製品工房「Cultivate Industry」。2015年にこの地に工房を構えた。

も東京でも年に数回行って取れたら、あとは神戸で製作すれば良い。むしろ素材の産地や、職人の元に毎月行ける距離であることの方が優先度が高い。その意味でもここは良い立地だという。

年に４回、海外の展示会で

具体的に海外とのビジネスはどのように行っているのだろうか。

「ファッション業界では春夏と秋冬と年４回、大きな展示会がパリやミラノであって、そこに世界中からバイヤーさんたちが集まってオーダーをするというのが一般的なのですが、僕らも、その時期に合わせて海外に行き、そこで半年分の注文を取ってくるんです。そして日本に戻って、数カ月かけて商品を作って納品するという取引のスタイルです」

またそうした海外の展示会には東京からもバイヤーが来ているので、国内の分の注文も海外で取っていることが多い。そう考えると、神戸に拠点を持っていても営業上で問題はないという。

何よりバイヤー時代に培ったノウハウが大きいと語る。例えば大きな展示会があると、バイヤーたちは展示会を一通り見た後、街に繰り出して小さいブランドをチェックする。そうした小さなブランドが集まっていて、自分たちのブランドと相性の良いバイヤーが歩くルートはだいたいこの辺りだから、その道沿いに、展示会の期間中ギャラリーを借りて一時的なショールームをつくっておく。バイヤーの動き方が頭に入っているからこそできる作戦である。

「でも、年４回ということは、例えばその都度１週間だけギャラリーを借りて、その間に半年分のオーダーをもらってこないといけないわけなので、僕らが狙っているバイヤーは間違いなくここを通るはず、といった読みにはすごく気を遣っています」

現在、取引があるのは10カ国くらい。最近はアメリカが多く、西海岸の方に集中している。

「注意をしているのは、最低ロットを決めること。必ず10ピース以上は買ってください、と言っています。それから、必ず手付金をお願いすること。海外の場合、支払いで問題が起きることもあり得るので、怪しいところとは付き合いません。生産前に手付金が入っていなかったら、それ以上お付き合いはしません」。

仕事と家族の空間が交差する

ブランド「cornelian taurus by daisuke iwanaga」はデザイナーである岩永大介さんと広報・セールスプロモーションを担当する信介さんの兄弟が軸となって運営されている。さらに工房を訪れると、お父さんも作業の手伝いをしている。お母さんは出荷担当。また食事をつくって持ってきてくれる。

「父はもともと潜水用具を装着して水中作業をする潜水士の仕事をしていたのですが、今は平行して僕らの仕事を手伝ってくれています。そうしたゆかりがあるので、僕らのバッグのディテールで使っている金具には船具が使われているんですよ」

また現在中学生の大介さんの娘さんも、学校帰りにアトリエによく立ち寄る。

「自営業ですからどうしても休日関係なく仕事をすることになりがちです。展示会などで海外出張も多い。忙しくて家にいる時間はどうしても短くなってしまう。

cornelian taurus by daisuke iwanaga デザイナーの岩永大介氏。

cornelian taurus by daisuke iwanaga のバッグ。潜水帽が一緒にディスプレイされている。

岩永さんのお父さんも作業の手伝いをしている。

ブランドは大介さんと弟の信介さんで起ち上げた。

Cultivate Gallery。工房の隣りに併設。バッグのショールームであるのと同時に、多ジャンルのつくり手の展覧会にも使われる。

2018年11月、高架下で新たにもうひと区画を借り、「CULTIVATE studio」を始めた。
生産背景が見える場所にしていくという。

革製品工房「ANCHOR BRIDGE」。
2016年に東京から神戸に移転。アトリエ兼ショップ。

家具工房「Magical Furniture」。高架下に新しい人が
入るようになる直接のきっかけをつくった工房。
2014年オープン。

額装工房「フライングフレーム」。
オーダーメイドの額縁を制作。

現在、阪急春日野道駅からお隣りの王子公園駅までの間で、
高架下空間を用いた15以上の工房やショップが出来ている。

また、妻もものづくりの仕事なのですが、隣りの『カルティベイトギャラリー』で展示をしたり、ワークショップをしていて、そうすると自然と子どもも学校が終わったらここへ帰って来たりして。いつからか娘にも、ここで仕事を手伝ってもらっています（笑）」

もちろん休みを増やして家で家族と過ごす時間をもっと取れたら良いに越したことはないが現実には難しい。となればこうした形で家族と一緒にいる時間をつくるのも一つのあり方なのかも、と岩永さんは言う。娘さんが事務所のスタッフに遊んでもらうことも多く、カルティベイト・インダストリーではアトリエにいるみんなが家族という気持ちがある。

ものづくりの背景も伝わるように

最近、「生産背景をつくる試み」として高架下にもう一区画を新たに借り「CULTIVATE studio」というスペースを始めた。かつては、たくさんのものを効率的につくって売ってお金を儲けるという発想がビジネスの主流だったかもしれないが、もはやそういう時代ではなくなってきたし、そもそも自分たちの目指しているものづくりの方向もそこではない。ただ、かと言って、自分たちだけで完結するものづくりであっても良くない。Cultivate Industry としてつくる鞄は工程が複雑で、通常取らないような鞄作りの手順を持っている。これからの時代、職人さんや販売をしてくれる人にも「なぜそういう作り方をしているのか」をもっと技術の面でも考え方の点でも理解してもらいつつ、「薄まらないよう」な外注や営業委託のシステムをつくっていかねばならない。だから、モノづくりのプロセスや背景が伝わってくれるような工房を構えたのだ。今までのスタッフの他に新たに職人を雇い、ものづくりを行っている。また何をやっているのか、来訪者からも見えやすい空間設計にしている。

産地や職人が近いこと、自分のローカルルーツを大切にすること、生産背景までを整えて、ものづくりの熱量が失われないような仕組みをつくること。高架下で、新たなものづくりの環境が整えられつつある。

Cultivate Industry の他、現在高架下空間に集まっている事業者の顔ぶれ（一部）

■ Magical Furniture ／家具工房。家具職人が木工工房兼インテリアショップとしてオープン。遅い時間まで音を出して作業できる高架下は工房としても申し分ない。

■ フライングフレーム／額装工房。もともと２階建のスペースを活用し、上階をギャラリー兼工房、１階を倉庫として使用。

■ ANCHOR BRIDGE ／革製品工房。東京で立ち上がった革靴のブランドが、2016年に東京から神戸に移転。

■ Coci la elle ／日傘作家のブランド。場所が気に入って、東京・清澄白河に続き２号店を神戸高架下でオープン。

■ aizara ／鉄が本来持つ素材感を生かした、黒皮鉄のプロダクトをつくるブランド。

■ アートワークス／オーダー家具工房。

■ Draw Factory ／家具工房・内装工事業。

Pampshade
世界に一つのおいしい明かり

本物のパンを使ったランプシェードが海外でも好評を博している。SNSでの拡散も海外で取り扱いが増えるきっかけとなっている。パンは食べておいしいだけでなく、人を温かい気持ちにさせる力を持つ。それは世界でも通じる共通言語だ。

パリのインテリア見本市に参加

　本物のパンを使った明かり「Pampshade（パンプシェード）」を手がけている作家の森田優希子さんに取材したのは、パリのインテリア三大見本市の一つ「メゾン・エ・オブジェ」への参加を終えて帰国された直後のときだった。単独出店としては前回が初で、今回が2度目。連続出展となった。

　前回今回とも注文が多く取れ、共に黒字で終わるという好成果を挙げられたという。海外の展示会に出るのは相当な経費負担になるけれどもチャレンジする価値はあると思っている。またその場の収支だけで図れるものでなく、展示会でいろんな人に見られることによって二次的な広がり、すなわちSNSで広がったりプレスで取り上げられるきっかけにもなる。だから、仮に展示会での受注が思った通り行かなくてもトライしてみようという意図だったが、蓋を開けてみたら予想以上に受注も上手く行った。個人購入、ショップでの取り扱い、レストランやベーカリーでのディスプレイ用購入……。ここでつながった縁からアメリカ、カナダ、フランス、中国、韓国での新たな取り扱いも始まった。また最近アメリカからの注文が増えているが、それは展示会で撮られたSNSの写真がきっかけとなり、ファッションサイト「Vogue」のウェブサイトでパンプシェードが紹介されたからだ。

奥深いパンの魅力

　森田さんの実家は神戸だが、大学時代は京都の芸術大学に通いつつ、パン屋でアルバイトをしていた。もともとパンは好きだったが、パン屋で働くうちにもっと奥深い世界であると感じるようになった。焼き上がってくるパンの表情が毎回違うということ、ちっぽけな生地であったものがイーストの働きで姿が見違えることなど、驚きは尽きることがない。だが一方で売れ残って廃棄になることも多い。パンに対する愛着から毎日、売れ残ったパンをもらっては自分で食べたり冷凍したり、同じ芸大の友達にあげたりしていた。次にバゲットを飾ってみることにした。「もっと何かできないだろうか？　他の人はまだ気づいていないパンの奥深い魅力を、作品にすることで伝えられないか」。そう考え試行錯誤を繰り返していった。

　発酵していく過程を観察してみた。パンを薄くスライスして顕微鏡で見てみた。あえてパンにカビを生えさせて、それを観察してみた。パンを森に持っていって写真を撮ってみた。考えつくだけのアイデアを試した中で、今度はパンの中味をくり抜いてみた。そして、頑丈

神戸市・北野にある Pampshade のアトリエ。
ランプはすべて本物のパンをもとに手作りで行われている。

独特の温かみのある明かり。
バタール、バゲット、ブールなどさまざまなタイプがある。

Pampshade
by Yukiko Morita

な皮だけが残ったパンが、たまたま部屋に差し込んだ陽の光に照らされて発光したように見えた。「これや！」その瞬間、発見したと思ったという。

「パンプシェード」の誕生

　だがそこからすぐ「パンプシェード」が完成したかと言えばそうではない。「照明部品を組み込んでつくった、最初のパンプシェードを良い感じと思って眺めていたら、次第に焦げた匂いがして中から煙が出てきたりして。改良の連続でした」。その後卒業し、普通に企業に就職。週末になるとパンプシェードの試作を続けた。いいものが出来たと思って展示したところ「欲しい」と言ってくれる人が出てきた。値段をつけなければ。販売ということが現実味を帯びてくると、パンそのものだとカビが生えてくるかもしれない、割れるかもしれない、という心配が生じた。コーティングをしよう。常に課題が見つかって、それを一つ一つ改善していった。そのうちに取り扱い店ができ、またそれが増えていった。パンプシェードは現在の姿になり、森田さんは会社を辞め、「モリタ製パン所」という屋号を掲げた。今から3年前、2016年のことだ。

常に課題を見つけ、新しい試みを続ける

　だから、海外でパンプシェードを売るというのも課題を一つ一つクリアして前進を続けてきた結果、1歩先に見えてきた次のステップだった。「メゾン・エ・オブジェ」の存在は、以前勤めていたインテリアメーカーでも知っていた。まず合同出展を2回経験し、その後単独出展へと進んだ。

　現時点（2019年1月現在）でのパンプシェードの売上のうち、海外輸出の割合は全体の30%くらいを占める。一方、国内は売上の半分以上が東京である。取扱店が多いのも東京、またパンプシェードはウェブ経由でBtoC、すなわち個人からの直接注文も受けているが、その注文も東京からが多い。あとは京都、神戸、大阪などが続くが、割合的にはそんなに差がない状況である。

　国内の展示会で継続的に出ているところがあり、取扱店舗も順調に増えているが、すべて手作りなので生産量には限度がある。また同じ仕事ばかりではなく新しいアプローチをしたいという気持ちもあり、最近では、パンプシェードを用いた店舗ディスプレイの仕事も行っている。

　昨年手がけた百貨店地下ベーカリーコーナーのディスプレイもそうした仕事のひとつだ。何店ものパン屋が入っているベーカリーコーナーの数箇所に、バゲットなどのパンプシェードが設置され、そのランプが温かみを醸し出しつつサインとしての役割も果たしている。また同じく2018年、姫路の食パン専門店のリニューアルに合わせて、その内装でもパンプシェードが採用された。お店の特徴を踏まえ、食パンを使ったパンプシェードを新たに開発した。壁面の一部がパンの茶色の外皮から漏れる灯りによって温かくライトアップされ、他にはない空間を演出している。

1 パリのインテリア展示会「メゾン・エ・オブジェ」に単独出展。
2 外国人にもわかるようにパネルを予め用意した。
3 前年に合同出展で同展示会に参加したときの模様。
4 同上。このときの出展で確かな手応えを得た。
5 現地スタッフと設営中の森田優希子さん。
6 パリのセレクトショップ「メルシー（Merci）」でも販売。
7 パリのギャラリー Gallery 3㎡で行われた展覧会。

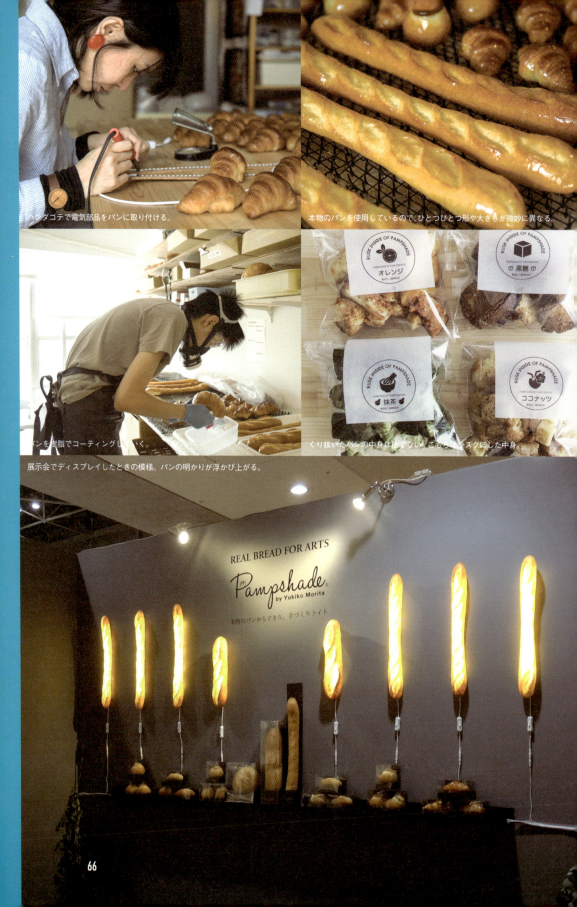

ハンダゴテで電気部品をパンに取り付ける。

本物のパンを使用しているので、ひとつひとつ形や大きさが微妙に異なる。

パンを樹脂でコーティングしていく。

くり抜いたパンの中身は捨てない。こちらはラスクにした中身

展示会でディスプレイしたときの模様。パンの明かりが浮かび上がる。

「共感」をベースに事業を展開

　順調にその認知と取扱先、作品のバリエーションを増やしているパンプシェードであるが、もともとパンが好きでその奥深い魅力を大事にしたい・伝えたいという動機から始まった作品なので、ランプにするためにくり抜いたときに出るパンの中味も、一片たりとも捨てたくなかった。大切に取っておいて食べたり、知り合いに配ったりしていた。とは言え事業が軌道に乗って拡大していけばいくほど、くり抜いた中身の量も増えていく。

　「実際のところ真剣な課題です。今までは自分で食べたり、友人にあげたりしていたのですが、それももう限界。くり抜いた中味自体を商品にして販売することを検討中です」。ビジネスが拡大するのに伴って、割り切って「捨てる」という選択肢はないのだろうか。「単に売れれば良いわけではないし、ビジネスが大きくなることを第一義にしているわけではないのです。もちろんビジネスとして成就したいとは思っていますが、自分が大事にしている根幹の部分から外れる行為をしてしまったら、成立しなくなってしまう気がするのです。根幹とは『自分がパンを真剣に好きだからこれを行っている』という信念です」。

　本物のパンを使ってつくっているランプ、神戸に来てからは「ビゴの店 三宮店」にパンを使わせてもらいたいと相談しに行った。ビゴの店＊は言うまでもなく、日本に本場のフランスパンが広まるきっかけをつくった老舗のベーカリー。「綿密なプレゼン資料を準備しましたが断られたらどうしようとドキドキしました。けれど心のどこかでは、『パンのことを真剣に好きで行っている活動なので、きちんと話せば共感して頂けるのではないか』とも思っていました」。今ではビゴの店 三宮店のパンがモリタ製パン所に運び込まれるのは日常の光景だが、店長さんにプレゼンした日のことは昨日のことのように思い出すという。

　決して英語が堪能なわけではないが海外の取扱先とのやり取りにあたって、エージェントを入れず自分でやりとりするのも同じ理由からだ。自分が想いを持ってつくった作品をどんな人が気に入って買ってくれたのか知りたい。「パンが好き」という共感をベースにビジネスを展開していきたいと考えている。

＊ビゴの店……フランス人のフィリップ・ビゴが1960年代に来日し「ドンク」で指導員としてフランスパンを浸透させた後、芦屋で1972年に創業したベーカリー。

身近な人やパン屋が幸せになれることを

　国内売上の中心は東京ということだが、大学卒業後や会社を辞めたタイミングで仕事の拠点を東京に移そうとは思わなかったのだろうか。

　「真剣に東京に行くつもりで物件を探した時期もありました。けれどもまず第一に家賃が高い。また東京には友達もいるし行きたいと思う音楽のイベントもいっぱいあるけれども、満員電車が得意じゃなかった。もちろん東京に行けば広がるものもたくさんあるけど、同時に消耗する部分も多いのではと思って止めました。それによく考えると、どうしても東京じゃなきゃいけないという理由もなかったのです」。

　神戸に戻って4年、仕事は順調だ。「自分や身の回りの人々や、パン屋さんが幸せになれるビジネスモデルをつくりたい」と森田さんは語ってくれた。

十場天伸
つくも窯から世界へ

住まいはのどかな神戸市北区の山あい、日本の伝統家屋の茅葺き古民家。そこで暮らし、作陶をしている。セールスはロサンゼルスをはじめ各地で催される個展が中心だ。伊丹空港まで車で30分なので、東京へも海外へもフットワークよく出かけられる。

アメリカでは大皿が売れる

　スリップウェア*から薫陶を受けた陶器を中心につくっている陶芸家・十場天伸（じゅうばてんしん）さんは神戸の中心市街から車で40分程の神戸市北区淡河町在住。美しい茅葺き屋根の一軒家に暮らしながら作品制作を行っている。奥さんも陶芸家で、子どもは4人いる。

　東京、大阪、名古屋、福岡など、最近は1カ月に一度ほどのペースで展覧会を行い、作品を販売。また5、6年くらい前からはアメリカ・ロサンゼルスでも年1回、400点もの新作をつくって現地のギャラリーで個展が開催されている。アメリカでの人気も上々で、売れ行きも良いという。また台湾での個展も2019年から始まることになっている。「日本では大きいものをつくってもなかなか売れづらいのですが、アメリカでは、日本ではなかなか出ないような大きな飾り皿や壺の方がむしろよく動きます。だから、海外向けにつくって現地に送る作品は国内で出すものとは全然ラインナップが違います」。

　現在37歳の十場さんが陶芸に目覚めたのは高校生のとき。実家は現在住んでいる場所だが、高校時代は島根県の西部、江津（ごうつ）市にある全寮制の学校に通っていた。江津が石見焼（いわみやき）の産地であったことから焼き物に触れるきっかけができた。粘土に触れたときの感覚、器が焼き上がったときの喜び……。学校の陶芸サークルに入部して焼き物をつくるうちに、これを仕事にしたいと思うようになった。週末にはいろんな窯元を巡るなど、徐々に焼きものに傾倒していった。

　しかし高校卒業後、すぐその道に進んだわけではなかった。バックパッカーとして沖縄、フランスなど各地を旅した。その後アメリカ・フィラデルフィアに2年半住んで、最初は英語学校に通い、それから現地のアートスクールに通った。

　そして帰国後、京都府南丹（なんたん）市の京都伝統工芸大学校の陶芸コースに進み、2年のコースを終えて卒業。就職することを考えて窯元をあちこち回ったが、「スリップウェアをつくりたい」という意志は当初からはっきりしていて、「自分のつくりたい焼き物が決まっているのなら最初から独立した方が良いよ」と言われ、結局どこにも弟子入りはせず自分で始めることにした。

　しかし、一度も就職を経験したことがなく、最初から独立したため、商売の仕方も何もわからない。とりあえず焼き物をつくっては、マーケットや陶芸市と名のつくものすべてに出

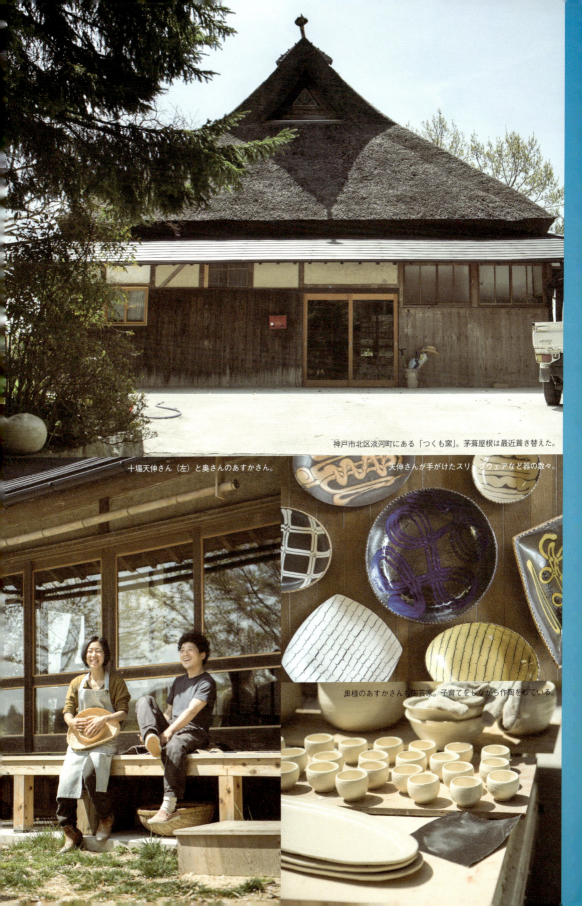

神戸市北区淡河町にある「つくも窯」。茅葺屋根は最近葺き替えた。

十場天伸さん（左）と奥さんのあすかさん。

天伸さんが手がけたスリップウェアなど器の数々。

奥様のあすかさんも陶芸家。子育てをしながら作陶をしている。

すことにした。始めた当初は陶芸だけでは到底食べていけなかった。高速道路のサービスエリアでアルバイトをしながら、そこでもお願いして自分の器を売らせてもらった。全部が自己流で手探りだったけれど、気づけばそこで陶芸店の店主など、いろんな人とつながって、取り扱い先が少しずつ増えていった。

とは言え、まだそれだけで生計を立てられるほどではなかった。大きな転機になったのは、東京に営業に行ったことだ。そこから一気に作品の取り扱い先が広がった。前述のロサンゼルスでの展覧会も、アメリカのギャラリーとパイプを持つアメリカ在住の日本人のバイヤーが、大阪で行った展示会で作品を見て声をかけてくれたことがきっかけだった。以降、その人とは信頼関係で結ばれて、北米での販売はその人に一任しているという。

＊スリップウェア……器の表面を泥（でい）しょうと呼ばれる粘土と水を混ぜたものを使って化粧する陶器で、もともとはヨーロッパの古い民芸陶器で見られたスタイル。長らく廃れていたが、20世紀、バーナード・リーチや濱田庄司などによってその味わいが再評価され、濱田や河井寛次郎などの作陶に大きな影響を与えた。

茅葺き古民家に暮らす

十場さん一家が現在住んでいる淡河町の一軒家は、昔ながらの茅葺き屋根の古民家である。またそのすぐ前には、神戸市北区でも目にすることが少なくなった段々畑の景観が広がっている。家のすぐ横には7世紀から続く古い真言宗のお寺があり、その門前では放課後になると子どもたちが遊んでいる。昔見たような日本の伝統的風景がそこにある。

ご両親が大阪から30年前に越してきたときに葺いた屋根は歳月の経過と共に、ちょうど葺き替えの時期を迎えた。十場さんはわざわざ熊本の阿蘇までトラックで赴き、茅葺きの材料となるススキを大量に調達してきた。「茅葺き屋根の葺き替えの見積もりを見たら半分以上が材料費でした。ならば、刈りに行くかと。1カ月くらいかけて、10tトラック2台分の大量のススキを刈って、積んで持ち帰り、それを使って屋根を葺いてもらいました」。

また、茅葺き古民家は夏は冷房が要らず涼しいところが長所だが、冬は気密性の高い部屋がなく隙間だらけで寒いのが難点。この機に床暖房を入れた。

家の前の畑では米や小麦をつくっている。この二つについては家族で食べる分はほぼ自給自足だ。田んぼは主には両親が行っているが、田植えや稲刈りは、作陶のかたわら手伝っている。小麦は小麦粉として食用にもするが、同時に、釉薬＊の原料でもある。代表的な釉薬の一つである藁灰釉（わらばいゆう）を作るのに、自ら畑でつくった小麦を燃やした灰を使っている。イネ科の植物灰は焼いたときにガラスになる成分を多分に含んでいるのだ。「薪ストーブで暖房をした後の木灰も使用しますよ。こうした雑木の灰と、藁灰などの調合次第で釉薬ができるので。安定した効果を出そうと思ったら、市販の釉薬を使う方がいいですし、それも使っています。でも、たとえ質が均一でなくても、天然の藁灰で釉薬を自作して、それで焼き物の化粧をするのも僕は好きなんです」。

茅葺屋根が、ススキや竹といった自然の素材で構成され、自然に還ることができるよう考えられているように、陶器の材料も、土にしても、あるいは釉薬にしても、もともとはその土地にあるものを使うという、生活の工夫から成り立っていたのだ。十場さんの暮らす住環境の中では今もそうした材料の自給と循環モデルが活きている。「もっとも、小麦を植えている畑は、田んぼをしていた近隣の農家さんが高齢化してできなくなってしまったために、

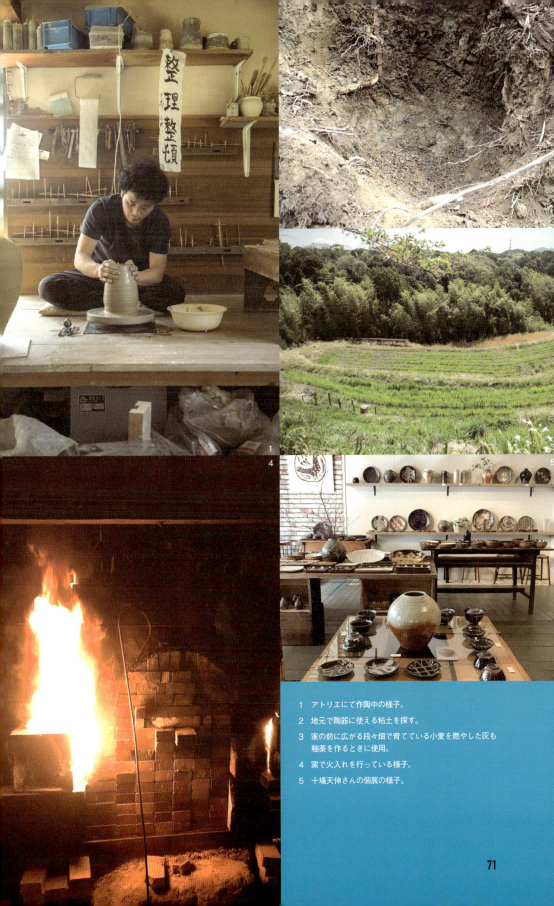

1 アトリエにて作陶中の様子。
2 地元で陶器に使える粘土を探す。
3 家の前に広がる段々畑で育てている小麦を燃やした灰も
　釉薬を作るときに使用。
4 窯で火入れを行っている様子。
5 十場天伸さんの個展の様子。

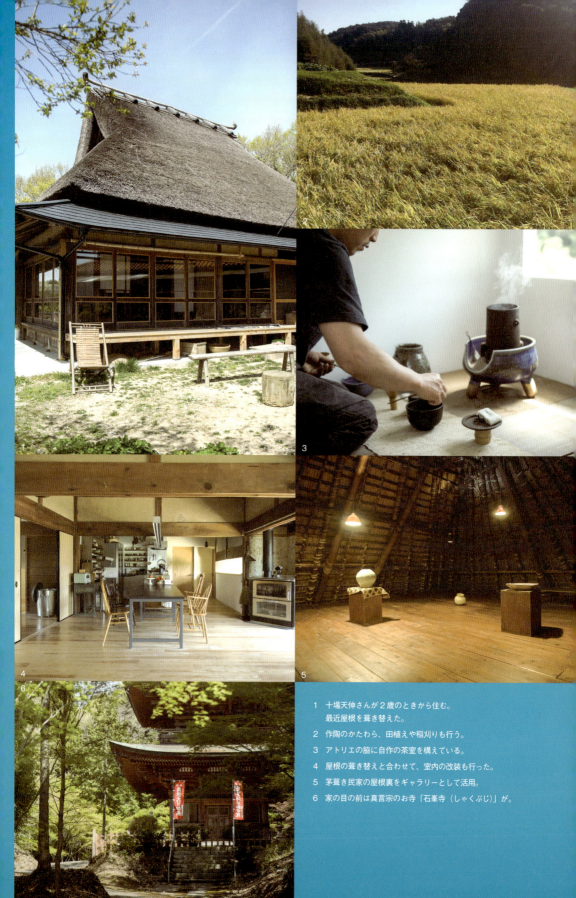

1 十場天伸さんが2歳のときから住む。最近屋根を葺き替えた。
2 作陶のかたわら、田植えや稲刈りも行う。
3 アトリエの脇に自作の茶室を構えている。
4 屋根の葺き替えと合わせて、室内の改装も行った。
5 茅葺き民家の屋根裏をギャラリーとして活用。
6 家の目の前は真言宗のお寺「石峯寺（しゃくぶじ）」が。

面倒を見ることになったという現代的な経緯なんですけどね（笑）。でも、畑は何か植えないとあっという間に竹やぶになってしまいますから」。

＊釉薬……陶器を焼くときに表面に掛ける薬液のこと。陶器は素焼きした後で釉薬をかけて焼くと、表面がコーティングされ吸水を防いだり割れにくくなる。同時に、釉薬の調合によって、色・光沢・質感といった味わいを施すこともできる。石灰、灰類、酸化銅や酸化鉄等などを主に使い、その調合によってできあがった焼き物の表情が変わる。

外に刺激をもらいに行く

　他の人からしたら神戸の都心部から40分ほどのところで、このように見事な茅葺き一軒家に暮らし、自然環境の中で仕事もできるのは羨ましい限りだろう。事実、北区でこうした茅葺き古民家に住みたいと物件を探している若い人たちは近年増えており、ウェイティングリストには100以上のエントリーがあるとも聞く。けれども実際に売り出される物件は極めて少ない。

　ただ十場さんは最初からこの家を好きだったわけではないという。「30年前に両親が移り住んだのが僕がまだ2歳くらいのときです。とにかく寒かったですね（笑）。お風呂は屋外の五右衛門風呂で、確かに気持ちいいんですけど、子どものときから僕が薪で湯を沸かす係だったんでとにかく大変でした。正直、昔は茅葺きの家が良いだなんて全然思えなかったし、こんな家、早く潰して新しく建て替えたらいいのに、と思っていました。けれども、国外に出たのが大きかった。アメリカなどに住んで刺激を受ける一方で、日本人ならではの暮らしの価値観や茅葺きの家の魅力も見直すことができるようになった。ここだけにいたら、多分わからなかった」。

　結果、自分の実家が豊かだと知ることになった。もちろんアメリカや東京や京都など、定期的に外に出ていって刺激を得ることは今でも大切にしている。都市に行くと普段なかなか出会えないようなタイプの人と出会うことができるからだ。そして、仕事の仕方も考え方も柔軟で自由だ。「でも、ここはこんな感じで、昔の日本みたいな田舎ですけど、伊丹空港まで近くて車で30分なので、海外の個展に行くときも、意外とフットワークが良いんです。東京へ飛行機で行くのも同様。大阪へは車で1時間ですし。仕事をしていて、気分が乗らなくなったらパッと行ったりもします。そこは大きいですね」。

　段々畑に向かう景観を持つ茅葺きの古民家のアトリエを拠点に日々制作をし、販売や刺激の吸収は日本中、もしくは海外に求める。上手に組み合わせながら暮らしとビジネスを行っている。最近困っていることがあるとすれば、アメリカの個展の時期と米の稲刈りのシーズンが重なっていることなのだとか。「日中ずっと稲刈りをして、その後、夜遅くまで作陶をしないと間に合わないので、なかなか大変です（笑）」。

Summary

居住性の高いローカルで作り、外需で稼ぐメイカービジネス

農業、建設業といった職業は、地域内の需要に対して商品やサービスを供給する内需型のビジネスという側面が強いが、地域には外貨を獲得する外需型のビジネスも重要だ。その象徴であるのが、ものづくり系ビジネス。大企業型のものづくりでは、お金を集め、材料を大量に仕入れることにより単価を落とし、外国の大きな工場などで効率的に生産し、大きな物流で大量の商品を生み出すことが主流である。しかし、ここで紹介した事例は地方都市でも外需型のスモールメイカービジネスが十分に成立することを示している。当然ながら外需を稼ぐには営業に出かけなくてはならない。日本なら東京や大阪、海外ならアメリカやヨーロッパ、これからはアジアの都市も重要だろう。こうした都市へのアクセスの良さはメイカーにとって重要であり、制作の拠点とする都市には出張利便性が求められる。

インターネットを通じて全世界へ小売を行い、いかに迅速にそれを届けるかが大きなテーマとなっている今の世の中だが、こうしたメイカーは、それが海外であっても、共感度の高い人と上手くつながって取引しているケースが多い。世界が相手ではあるが、顔の見える経済がここにもある。

こうしたビジネスが神戸で成長する可能性を感じる所以は、国内外のどのエリアへも非常に利便性が高く移動でき、また交通利便性が高いにもかかわらず居住性も良いことが挙げられる。外需型のスモールビジネスが地域にはたくさん必要である。こうしたビジネスはスタッフや弟子を抱えることで産業の集積を生み出し、ローカル経済の持続可能性を高める。

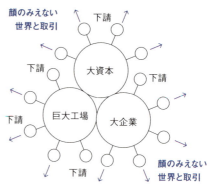

図　スモールだが顔の見える付き合いを基本にした外需型ビジネス(左)と、規模は大きくても顔の見えない取引の拡大モデル(右)。

04
SPORTS BUSINESS

都市の自然を活かしたスポーツビジネス

SPARK Scone & Bicycle
裏山でつながるコミュニティクラブ

神戸の人々にとって、山は気負って行くところでなく、朝コーヒーを山頂で飲みたくなって登るような気軽な存在だ。また六甲山は国立公園に指定されているので管理もよく行き届いている。山をフィールドにしたスポーツのしやすさという点では、他の都市と比較しても恵まれた環境だと言えるだろう。

仕事前に、ひとっ走り

冨田さんご夫婦はスコーン専門店と自転車店を複合させたお店「SPARK Scone & Bicycle」を神戸の県庁前で経営。夫の功さんは、週末に「裏山会」という、マウンテンバイクを仲間と乗る会を開催してもいる。

20代の頃にも一度マウンテンバイクにはまっていた時期があったが、今のお店をオープンする少し前に現在の家の辺りに引っ越してきて、裏はすぐ山、そう思ったらまた乗りたくなってきた。「子どもと休みの日に山登りをしていて、自転車のタイヤの跡が残っているのを見て以来、ずっとその跡ばっかり見てしまって（笑）」。

子どもが小さかった頃には、家族がまだ寝ている早朝に寝床を脱け出して、景色の良いところまで自転車で登っていき、そこでお湯を沸かし、朝日を見ながらコーヒーを飲んで帰ってくるのを習慣としていた。帰りに朝食のパンを買って帰り、家族を起こして朝ごはんを食べる。子どもを保育園に送って行き、それから仕事場に出かけていた。

家族全員で出かけることも多く、3人でカナダ・バンクーバーからアメリカ・シアトルまで自転車横断もした。テントや寝袋を自転車に積み込んでの300km。最近は、長野県白馬にも出かけた。夫婦共サーフィンも好きなので、オーストラリアやハワイに行ったときは波乗りも楽しむ。

「神戸は山側だけでなく、海際を走っても気持ちがいいです。またそこからフェリーに自転車を乗せて周辺の島をツーリングすることもできる。神戸はいろんなフィールドがあって、多様なスポーツ・アクティビティが楽しめる環境なんです」

仲間と楽しむ「裏山会」

日曜の朝、8時に集合して仲間と一緒に裏山を自転車で走る「裏山会」を始めたのは5年前。何も知らないでマウンテンバイクで山に入る人がいるので、基本的なルールや走り方を教えられたらと始めたという。「マウンテンバイカーと登山客との仲違いみたいな話を山の世界ではよく聞きます。でも地域の山を守り、長く楽しみ続けられるためには、挨拶をすることや、登山客が見えたら手前で降りて先に通すとか、やっぱりそういうルールは大事。また山の道を傷めないように走ることも。ずっと走れるトレイルを残していきたいですから」。山を自

六甲山の一部、再度山(ふたたびさん)でマウンテンバイクを満喫。
再度公園。裏山は神戸の生活の一部である。

転車で走ることに興味はあるけれどどうしたらいいかわからない、という人は来てもらえたら、と言う。

　毎週欠かさず続けてきたことで、今ではメンバーも増え、自分がどうしても外せない用事で行けないときがあっても、お客さんたちだけで集まって山に走りに行くくらい、コミュニティができ上がっている。また年齢では下は中学生から上は50歳代まで、職業で言えばお医者さんから建設現場業の人まで、幅広い層が会の仲間として親しい間柄になっている。就職や転勤で離れてしまっても久しぶりに戻ってきたり、離れる前にみんなで走ったり。自然な形で、「楽しいから戻ってきたい」と思う場所になっている。

　「裏山会っていうのは、レースでもなく競い合うことでもなく、みんなで楽しむことなんです。コースも楽なわけではないし、まったく運動していない人がいきなり参加するのは厳しいと思いますが、ストイックに走るだけに徹するよりは、走るの半分、仲間と会話したり朝ご飯を食べたりというのが半分。その方が続けられて、生活の一部になっていくのでは、と思っているんです」

長期的経営におけるコミュニティクラブの意義

　裏山会自体は参加費も取っていない。また「必ず毎週続ける」というのを守ってきたので、最初のうちは店も週末の会も、と休みがまったく取れなくなった時期もあった。けれども、SPARKは自転車とカフェの店。走り終わった後、会員の人たちは自然とお店でお茶をしていく。自転車の買い替えがあれば冨田さんに相談に来る。裏山会以外の普段の日にも寄ってくれる。

　「私たち家族がこの場所に移ってきたのは10年くらい前ですが、カフェの経営という意味で言えばもう20年になります。そんなに儲かっていたり利益率が良いということもないのですが、ずっと続けてこれていることは良いと思っています。また今後についても売上がすごく伸びることより、長く続けていけることが希望です」

　その意味でも裏山会を行っている意義は大きい、という。お客さんから店に愛着を持ってもらえているという手応えにつながっている。

　「裏山会が人々の生活の一部になってくれたらと思っています」。ちなみに、裏山会は昼前には解散。日曜の朝から仲間と山を走って、朝ご飯を一緒に食べ、たわいもない会話をする。「そして、午後からはみなさん家族サービスの時間になります（笑）」。

ローカルの山を盛り上げよう

　「ローカルの山遊びをもっと盛り上げたい」。冨田さんたちは裏山会と別に、アウトドアスポーツ・アクティビティを愛する事業者同士で集まって、毎年4月、「Mt. Rokko アウトドアセッション」というイベントを六甲山で開催している。アウトドアアイテムに限定して販売するフリーマーケットで、2010年に始まった。今では毎回3000人程度が集まる。

　六甲山を愛し、アウトドアを通じて六甲山を盛り上げたいという思いで通じている人々の集まりなので、言い換えれば誰でも出店できるわけではない。ちゃんと環境保全に対しての意識があり、他人に迷惑をかけないで遊ぶことができる人が自然と育っていくようなイベントにしたい。だから出店希望があっても、事務局のメンバーで、誰かの知り合いであるとか、

六甲山はルートがたくさんあるのも魅力

公園の駐車場から、すぐ山道へ。すぐに楽しめる。

登山客とすれ違うときは、自転車を降りて必ず挨拶。

峠の茶屋で朝ごはんを一緒に。

冨田さんご夫婦が経営する「SPARK Scone & Bicycle」。スコーンが美味しい。

1 毎年4月に、六甲山カンツリーハウスにて開催される「Mt. Rokko アウトドアセッション」。ローカルの山遊びを愛する人々のコミュニティ。
2 「裏山会」の一コマ。六甲山はどこからも海が見える。
3 明石海峡大橋の前で。海際へのツーリングも楽しい。
4 「裏山会」では年齢も職業もさまざま。

責任を持てる相手であるかどうかをあらかじめ確認した上で、出てもらうかどうかを協議するという。「どこで遊んでいる人間であるのかなど、信用がついていることが重要。そこをおざなりにして、出店者を誰でも受け入れていくと、そのイベントが本来持っていたワクワクした状態を維持できなくなっていく。そこの基準が守れなくなったら止めるべきだと思っています」。

だが、「本気で遊んでいる人たちが出す道具なので、信頼がおけますし、また、どうやって使ってきたかなど、本物の活きた情報も得られる。だから私達自身、毎年すごく買ってしまうんですよ（笑）」。道具というものは、遊べば遊ぶほど突き詰めて少しずつ良いものになっていく。同時に、そんなに新品を次々買い足せるわけでもない。けれどもここでは安く譲ってもらえて、しかも実際の評価も聞ける。「翌年行ったときに、その前の年に買わせてもらったものがすごく良かったって話もできたりもするので、リピートの楽しみもあるんです」。

出店料はごく少額しか取っていない。このイベント自体をビジネスとは考えていないからだという。ただお金ではない分、出店者も運営方針においても、自分たちが判断するということは決して譲らない。そしてビジネスが主目的ではないけれど、出店者同士は普段から良い関係でつながっている。またイベントに来ているお客さんたちは、最終的に出店者たちの実店舗に足を運ぶようになるケースが多い。ここで出会えるのは、ちゃんと六甲山が好きで本気で遊んでいるメイカーたちなのだ。

山が身近にいつもある

六甲山の固有の魅力はいくつもあるが、まず国立公園であるという点だろう。他の山では、私有地で許可を取らないと走れなかったり、メンテナンスがきちんとされていなくて道が荒れ果てていたりする。六甲山は常に管理がされていて良い状態が維持されている。だから自転車でも走りやすい。

また、一般的に六甲山とは大小の山を含む六甲山系全域を指して言われるが、横に長いため地形のバリエーションが非常に豊かである。だからいろんな楽しみができる。ルートが山のようにある。

「でも一番は、この距離で山に入れる、っていうことでしょうね。街中で暮らしていて、私たちの場合は店も営業していて、でもその場所から『ちょっと行ってみようか』という距離感で山があるのは、他の都市ではなかなかあることではない気がします。都市文化も享受できて、しかも神戸は民族的にも多様な文化が入り混じっていて、なおかつ自然も近い。なので、私達は国内にも海外へもよく旅に出かけますが、神戸のこの場所はずっと持っておきたいなと思う重要な拠点です」。

Summary

都市の自然を
ビジネスフィールドに

リーマンショックや東日本大震災の後に大都会を離れて移住した人の動機としては、「居心地」の良い場所に暮らし、働きたいという欲求があっただろう。働くという行為において生じる可能性があるストレス。自然に触れること、あるいは体を自然の中で動かすことによって、体と脳が治癒される効果があると言われている。大都市では、余暇のために、スポーツジムやトレーニングジムなど建物の中で機械を使った運動が行われている。ここでは不動産価値が高い駅前の箱の中にスポーツクラブがつくられ、できる限り人的なサービスは抑えられ機械を使った運動が中心だ。

資源は大自然であり人、インストラクターである。そこに共通するのは、心地良さ。人が集い遊ぶコミュニティクラブであり、都市の中で自然と遊ぶという感覚を共有する。自然と切り離された大都会ではできない体験が行われている。

その地域らしさが表れた住宅地につくられる傾向が強いコミュニティクラブは、スポーツという業種に限らず、仕事場・家庭以外のサードプレイスとして、その需要はまだまだ眠っているのではないか。日常的にスポーツをしなかった人たちがスポーツを始めることで、多くの人たちはストレスを解消し、地元の山や自然への愛着を高め、その魅力を再発見する。また、スポーツに関わってきた人たちのセカンドキャリア作りでもあり、フリーインストラクターの仕事の場づくりにもなる。

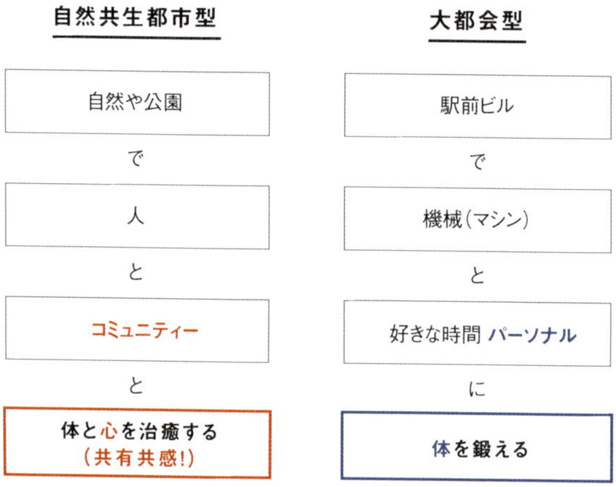

自然共生都市型

自然や公園
で
人
と
コミュニティー
と
体と心を治癒する
（共有共感!）

大都会型

駅前ビル
で
機械（マシン）
と
好きな時間 パーソナル
に
体を鍛える

図　都市の中の自然を用いたコミュニティクラブ（左）と、駅前で機械を使った運動中心の大都会型ジム（右）。

05
URBAN PERMACULTURE

都市の中で、自給自足を試みる

弓削牧場
牧場から始まる資源循環の未来

弓削牧場は約50頭の牛をストレスフリーで飼育し、乳製品を中心にホエイ*を利用した石鹸・化粧品の開発も行う。また牧場内のレストランで使用する野菜の大半も畑で自給。畑には牛フンから生産するバイオガスの副産物・消化液を撒く。消化液は農家に販売する予定。都市近郊の牧場から乳製品と一緒にエネルギーが生産される時代へ。

*乳清とも言う。チーズ生産過程で、固形物と分離されたときにできる副産物。

酪農からチーズづくりへ、開拓をし続ける

　神戸の中心市街地から車で約30分。神戸市北区山田町にある新興住宅街の端に、木々が深く茂り山が始まる場所が現れる。弓削牧場の入り口だ。弓削牧場は住宅街に近接した牧場として有名だが、正確に言えば、もともと牧場があって、そのすぐ近くまで宅地が広がってきたということになる。

　事の発端は、現・弓削牧場 場長の弓削忠生（ゆげただお）さんの父親が、軍需産業が盛んだった戦前の神戸で外国人の友人からもらったアドバイスだった。「自分の力で家族を守り・養いたければ、農業をした方がいい」。こうして弓削一家は当時の武庫郡山田村（現在の神戸市北区山田町原野）に移り住む。脱サラした先代は、1943年には酪農を始め、法人化する。ここから弓削牧場の歴史がスタートした。

　戦争が終わりしばらく経った1970年には、現在の場所（神戸市北区山田町下谷上）に移転。その後、高度経済成長期になると牛乳の生産調整や生乳価格の下落により、牧場経営は厳しい状況に立たされてしまう。そこで当時牧場主に就任したばかりの忠生さんは、チーズづくりへの挑戦を決意する。

　当時の日本ではチーズづくりに関する文献はほとんどなく、独学でのチーズづくりは困難を極めた。海外の文献を取り寄せては読み漁り、遠方の同業者にアドバイスを求めるなどして、1984年に現在弓削牧場の看板メニューとなっている「カマンベールチーズ」を試作開始。しかし、白カビ（日本は四季の変化が激しいため生やすのが難しいとされる）でチーズを熟成させるのに苦労し、失敗の連続だった。その試行錯誤の中から生まれたのが、もう一つの看板メニュー「フロマージュ・フレ」。国内でチーズと言えばプロセスチーズが主流の当時、フロマージュ・フレのようなフレッシュなナチュラルチーズは特に珍しく、一般家庭にはまだ食べ方が浸透していなかった。そのため、味と食べ方を知ってもらうために当時としては非常に稀な、牧場内のレストラン「チーズハウス ヤルゴイ」（今でいう農家レストラン）を1987年にスタート。

　牧場経営者が牧場内で自ら情報発信できる拠点を設けた意味は大きい。製品の美味しさを産地で（つまり鮮度が高い状態で）体験してもらい、作った本人が直接おいしい理由を伝えられる機会が生まれた。その体験に感動した人が、次の来訪者を呼ぶ。ヤルゴイは生活の中

弓削牧場の資源循環モデル

牛フン・野菜ゴミ・乳製品の残渣（ざんさ）物といった廃棄物を、バイオガスユニットを通して再利用できるエネルギーに変換している。「消化液」は2018年7月に有機JAS資材認証を取得。循環のスケールは牧場の外へと広がりつつある。

弓削牧場の様子。

1　弓削牧場場長 弓削忠生さん。

2　牧場内にあるチーズハウス ヤルゴイ。
　弓削牧場の製品（牛乳・チーズ等）を使った料理を食べ、
　その味や使い方を知ってもらう情報発信拠点でもある。

3　弓削牧場の製品。カマンベールチーズ（上段中央）、
　低温殺菌牛乳（下段右）、フロマージュ・フレ（下段左）。

4　弓削牧場では牛を放牧しているため、
　思い思いに過ごす牛たちを見られる。

5　チーズハウス ヤルゴイならではのメニュー「ホエイのスープ」

6　ヤルゴイで提供する料理に使う野菜・ハーブのほとんどは、
　牧場内の畑で育てたもの。

7　弓削家の長女・篠原杏子さん。ポートランド在住で、
　現地の農家・シェフ・スモールビジネスオーナーと神戸の
　人々を結びつけるキーパーソンでもある。

に牧場との接点を生みだし、日常的に牧場へ人が来る仕掛けとして機能した。訪れる人の数が増えるのに比例して徐々に増築を重ね、今では約50人にメニューを提供できるまでのレストランにヤルゴイは成長している。

エネルギーの地産地消へ

　今、弓削牧場は、バイオガスによる牧場内でのエネルギー循環に注力している。酪農の廃棄物である牛フンを、エネルギーに転換しようというチャレンジだ。数々の試行錯誤の末、2015年に家畜糞尿と食べ残しや野菜の切れ端などを利用した小規模バイオガスユニットを導入。牧場内のエネルギー自給を目指して日々実験を重ねている。この取り組みにより、エネルギーが牧場の新たな生産物になるかもしれない未来が見えてきた。

　きっかけは、牧場の裏山が削られたために風の向きが変わり、牛フンの匂いが住宅街に流れるようになったことだった。何か有効な処理策はないかと調査するうちに、国内でバイオガスプラントを研究する帯広畜産大学の教授にたどり着いた。2006年より弓削牧場では搾乳ロボット（放牧されている牛たちがそれぞれの自由なタイミングで訪れ搾乳できる機械）を導入している。そのため、エネルギーを自家供給できれば災害時などいざという時に混乱を避けられるという思いもあり、小型バイオガスユニットの調査・研究に入った。

　バイオガスを利用した再生可能エネルギーの生産は、先進国では大量の資源が集まる場所に大規模なプラントを作るのが基本と聞く。だが弓削牧場では、前述の帯広畜産大学と神戸大学大学院との共同研究という形で、東南アジアにあるような小規模プラントを改良した独自の小型バイオガスユニットを導入することになる。現在は牧場内にあるビニールハウスの加温に利用しており、次のステップは搾乳ロボットに使用する温水のためのエネルギー供給だ。最終的には牧場内における再生可能エネルギーの地産地消と持続可能な資源循環を目標としている。

　なお、バイオガスを生産する際には消化液という副産物も生まれる。それも弓削牧場では液肥として牧場内の畑に撒いている。その畑で育った野菜はヤルゴイで料理され（弓削牧場の野菜の自給率は70〜80％）、料理に使われない切れ端は、再びバイオガスユニットに入れられる。

　廃棄物が資源になるバイオガスは、牧場内のゴミとエネルギーの問題を一気に解決する可能性を秘めている。また、弓削牧場は2018年7月に消化液で有機JAS資材認証を取得。有機農家への販売を視野に、目下実証実験中だ。

牧場が都市のインフラになる未来

　「食べ物はエンドレスな資源」と忠生さんは言う。たとえ、石油や石炭がなくなっても、食べ物はなくならない。食べ物が有る限り食品残渣は生まれ、そこからバイオガスや消化液といったエネルギーも生まれる。街の近くに牧場があり、そこで食物と共に再生エネルギーがつくられる未来。酪農業・畜産業において、資源循環利用に基づく再生エネルギー開発を取り入れていく流れが近い将来には当たり前になっているかもしれない。

澤井まり
都会だからこそできる自給生活

高齢化によって空き家と、手入れのされない土地は確実に増えていく。そこに、都市で畑をしながら自給自足をしたい人が降り立ったらどうなるか。意外と良いマッチングなのではないだろうか。気づけばそこに豊かな風景が再生されているかもしれない。

都市で自給自足生活がしたい

　澤井まりさんは約6年前、夫と一緒に三宮から電車で20分の海沿いの街、塩屋に格安の一軒家を購入して引っ越した。以前はおばあさん1人で暮らしていたが空き家になって久しかった。駅から徒歩15分、かなり傷んだ状態の古家、でも小さな畑ができる庭付きだ。家の前の道は公道でなく、他の人の持っている私道、かなり細道のため車もつけられない。相続した家族は手放したくて安値で出していたようだ。田舎ではなく街中ではあるが、住宅街のへりに位置し、すぐ近くには手入れされていない笹やぶが鬱蒼と広がっていた。

　澤井さん夫婦は「都会で田舎暮らしをして、自分たちで食べ物をつくって自給自足的な生活がしたい」と考えていた。6年前、すなわち東日本大震災の翌年である。震災の当時住んでいたのは京都で直接被災したわけではなかったものの、何だかすごく落ち込んだ。今までと同じ生活をしてよいのかと悩んだ。今まで拠り所にしていたものが信じられなくなった。特に、お金。お金を稼ぐこと、すなわち豊かさというシステムに懐疑的になっていた。できるだけお金を使わないで成り立つ暮らしが実践してみたい。

　だが、同時に思った。「自給自足の暮らしがしたいけれど、あんまり田舎でもよう暮らさん」。今までは京都市内で自転車に乗れば近所で用が足せた。また夫は二輪免許を持っているだけだし、自分に至っては何も運転できない。電車で動ける場所で畑が持てて自給自足生活ができないものか。

　そんな矢先、知り合いが土地付きで塩屋の一軒家が空いていることを教えてくれたのだった。ここからなら京都に住んでいる家族に会いに徒歩と電車で帰ることができ、同時に、小さくても畑も持てる。

いつの間にか、大きな畑をすることに

　手を入れながらその家に暮らし始めた。家の前の笹やぶがあまりに迫っていたため、自分の家の敷地外だったにもかかわらず、鬱蒼とした笹を刈り整地した。そうすると小さな階段が出てきた。粗大ごみもたくさん出てきた。やぶの中に不法投棄されたものだった。それらもきれいにしつつ近所の人にどういう土地だったか聞いた。「昔はここは畑だったのよ」。まったく手入れもされておらず荒れ放題の状態だった。放置しているうち笹がどんどん侵食してきて、かつての田畑の風貌がすっかり失われてしまったというわけだ。澤井さんはこれ以上

これが都会の中の風景と信じられるだろうか。JR塩屋駅から徒歩15分。
塩屋の駅から神戸の中心、三宮までは電車で20分。畑を耕しながら自給生活。

夫婦で少しずつDIYで古家を改装しながら暮らしている。

侵食しても怖い……、そのやぶを勝手に綺麗にし始めてしまった。そうこうするうち昨年の大雨。各地で土砂くずれが起きニュースで流れた。心配になった所有者が見に訪れたところ、知らぬ間にすっかり綺麗になった土地を見て、この土地の手入れを委託する代わりに、畑として使って良いという許諾書が発行されるに至ったのだった。畑でもした方が土地は荒れなくて済むから。

また別の話。隣の家には最近までおばあちゃんが住んでいて、その前の畑をきちんと手入れをしていたけれど高齢でできなくなったため畑は草茫々になっていた。ついでだし……と、草むしりをしていたところ息子さんが来て「もし良かったら畑の面倒を見てもらえないか」と頼まれた。また別のお隣さんも、やはり居住者が高齢で「毎回の草刈りが大変だから、お願いできないだろうか」。結局その土地も手入れをすることになった。

もともと自分の家についていた畑はわずか数平米だった。だが気づけば家の周りを取り囲むかなり広い畑の面倒をみることになったのだった。

野菜は、ほぼ買わない

そして今、それらの敷地は自分と、知り合い20人ほどで共同で耕す畑になっている。夫は平日は他の仕事をしているし、自分1人では手に余るからだ。都会で畑をしたいという人は実は少なくない。自分と同世代、もしくはもっと若い20歳代も。塩屋の人もいれば、電車に乗ってやってきて畑をしている人もいる。子育て世代が多いが、小さい子どものいる世帯はやはり食べ物に対して敏感な人が多いからだろう。2週間に一度は共同作業日を設けている。お互いに知り合うことができ、畑の仕方について情報交換をすることもできる。畑の利用料などはもらっていないが、農具など共同購入する必要のあるものの費用だけは共同で負担してもらっている。

澤井さん夫婦は農業を専門に習ったりしたことはない。ただ、農薬は使わない。肥料も落ち葉とか、草とか、精米した後の糠（ぬか）とか、そんな感じだ。「既成の肥料を使う場合と違ってゆっくりとしか育たない。また他の人の話を聞いて参考になることも多いですが、結局のところ土壌も種も違うので、つくってみないとわからない。出来・不出来もある。でも自分たちが食べる分くらいはつくれているからまずはそれで良いと思っています。植えたら何か出てきますよ（笑）」。

現在、野菜はほぼ買わない生活だ。「買い物があんまり好きじゃないんです。どこから来たものかいちいち調べるのが面倒ですし、あるもので食事できたらそれが一番良い」。基本あるもので、あとは結構もらいもの。塩屋に来てからたくさん近所の人とつながったおかげで、自分は野菜をあげることがあるが、代わりにパンをもらったりお酒をもらったり。また塩屋に越してきた直後、当時求職中だったご主人が駅前の飲み屋で知り合った漁師さんから「手伝わんか」と誘われて突如漁師になった。今は学校の講師だが、そのときできたつながりで、今でも時折魚をもらうこともある。年に数回だが、もらうと1匹まるごとなので、解体して冷凍しておけばしばらくは魚を買う必要もない。

家のすぐ手前まで笹やぶが迫ってきていたので、刈り取って綺麗にした。手入れして始めて、かつて畑だったことがわかった。

1階の薪ストーブは手作り。石油ストーブから薪ストーブに変えて、格段に部屋の暖まり方が変わった。

薪は基本もらいもの。近所の神社が境内の木を手入れした際に出た枝を譲ってもらったり。

現在は畑の面積が広大なので、知人も誘って20人で共同で使っている。作物ができると分け合ったりもする。

左から澤井まりさん、ご主人の澤井秀和さん、建築士の亀井洋樹さん。
亀井さんはアルバイトで家の改装を手伝ってくれている。

薪を使って給湯や風呂を沸かすボイラー

澤井さん宅の裏に広がる土地。この一部を畑として使用させてもらっている。

家の目の前にある小さな畑。畑のうち自己所有なのはこの部分だけ

庭にゴザをしき、緑溢れる山の景色を借景にみんなでランチ会。
ここが都会の一角だということを忘れてしまう。

教えてもらいながら家を直す

　古家も基本はセルフで改修を行っている。夫婦とも建築系の仕事だったわけではない。自分たちで直せるだろうと始めたが、やっていくうちに自分たちの限界、できることとできないことがわかってきた。だから、ある時期からはできない部分は人に頼ることにした。今は建築士をしている若い男の子をアルバイトで雇って、教えてもらいながら一緒に作業をしている。少しずつ自身の腕前も上達している。

　難点があるとすれば、田舎と違って住宅街なので作業できる時間がやや限定されること。音の出る大工作業については予め大丈夫な時間帯をご近所さんに聞いてからするなどの配慮が必要だ。

エネルギーも自給

　エネルギーに関しては、暖を取る目的では薪ストーブを使い（自作した）、給湯と風呂には薪を使ったボイラーを購入して活用している。薪は、知り合いの漁師からもらった、不用になった木製パレットを使用している。また近所の神社で定期的に境内の木の手入れがされるが、伐採された枝が大量にあり地元の人たちに持って行って良いよ、と言っていただいた。あとは、自宅を改修する度に出てくる廃材。これももれなく薪になる。ボイラーは室外に設置しているので、雨が降った日など屋外で薪で火をおこすのが大変なときはプロパンガスに切り替えたりと、無理せず行っている。

　いずれは井戸も掘りたいと考えている。飲み水までは難しいかと思うが、風呂や洗い水くらいにはなるだろう。電気に関しては、以前ソーラーパネルを設置して自家発電をしていたが蓄電池が消耗。買い換えるのにお金が掛かるから今はちょっとお休みして、再生可能エネルギー会社の電力を購入している。

街ならではのエコシステム

　都会の中での自給生活は結構できている。まだまだ推し進められそうだ。お金もさほど使わない。「ただ、駅前にはよく飲みに行くので、飲み代だけはお金が出ていきます（笑）」。

　街だからこそのエコシステムがあると言う。駅前で飲んでいたり、街で立ち話をしていると、さまざまな情報交換がすぐに行える。突然洗濯機が壊れて困っていると、「洗濯機要らんやつがあるんやけど、誰か引き取ってくれる人おらんかなあ」という話が伝わってきてすぐ取りに行ける。ある人にとっての要らないものが要る人の元へ渡っていくというシェアは街だからこそしやすい。

　塩屋駅から徒歩15分、土地付きの一軒家、無理のない自給生活。畑もあるけど、すべてが徒歩圏、駅前で飲んで帰ってくることもできる。そんな都会のパーマカルチャーライフ。希少なケースとも言えるが、もしかしたらこれからの時代、ものすごくレアということでもなくなっていくかもしれない。日本の人口減少と高齢化に伴って古家は確実に街中に増えていく。都市の衰退にあわせ、そこに生じた隙間に入り込み、静かに美しく再生をしていく澤井さんのような人の存在は実は結構重要ではないだろうか。

塚原正也
都会の真ん中で、山羊と暮らす

高齢化と人口減少に伴って、確実に都市のへりは増大している。比較的都心アクセスの良い場所にありながら、荒んでいくエリアが増えるということだ。土地・コミュニティには常に「手入れ」が必要だ。都会で山羊を飼いながら農業をして暮らす、通称"ヤギさん"に都市の隙間のメンテナンスのヒントを見る。

コミュニティと山羊の関係

　神戸の高台にある住宅街で山羊を飼いつつ畑をしている、通称「ヤギさん」、塚原正也さんは興味深い暮らし方をしている。家は神戸駅からバスで20分程度で行ける場所にありながら、賑わいのあるエリアからは外れた地域にある。若者は少なく、周辺世帯はほとんどが60歳以上。高齢化が進んでおり独居老人も多い。施設入所や長期入院などの理由で家はあっても自身の敷地の手入れができない世帯も増えている。

　そんな中、この地に引っ越してきた塚原さんは、程なく溶け込んだ。近所の人々は塚原さんの穏やかな性格に加え、塚原さんが引き取って面倒をみていた山羊に癒やされ、思いのほか愛情が湧いたらしい。塚原さんは農家をしていたことがあるため、近所のおじいちゃんに野菜の作り方を教えたら、その人は遊ばせていた土地ですぐさま見事な野菜をつくり始めた。またすぐお隣は空き地だったが、所有者がよくわからず、手入れがまったくされてない状態で竹や草は伸び放題、周囲の家に危険を及ぼしかねない程だった。その回りの路地も草茫々だった。だが、山羊を散歩させていると、小道や空き地の雑草はどんどん食べられて目立たなくなっていった。

　山羊は食欲旺盛だが、糞の匂いがほとんどせず、最近では街でも飼っている人がちらほら出てきている。また、団地などで、敷地内の除草を山羊で行うという社会実験も近年行われている。草刈り機に頼らない分、コストもかからず、また化石燃料由来のCO_2排出もないという利点が着目されたからだ。前述の通り、癒やしや安らぎを与えコミュニティを和やかにするという長所もある。

土の活かし方を知っている男

　塚原さんの家の目の前には、1坪もないような狭い庭がある。土は畑用ではない、表面は黒々とした土だが、ちょっと掘っただけで赤土が出てくる。けれどもそんな場所にハーブや野菜を植え、農薬も化学肥料も施さず収穫している。「土壌の生態系がうまく機能するように藁を掛けたり、ちょっと工夫するだけで、こんなところでも穫れるんです」

　現在、塚原さんが耕している自宅の横の大きい方の畑は実は自身の所有地ではない。畑の所有者は隣家のおじいさんで毎日欠かさず畑の手入れをこまめにしている方だった。塚原さ

塚原さんの家の隣りにある畑にて。手前にハーブの畑、山羊。
その向こうに神戸中心市街地のビル群。

丘の上の一軒家でハーブを育てながら山羊と暮らす。
家の周りは未舗装の道で、車では坂の途中までしか上がっていけない。

1 塚原さんの飼い山羊の「生駒」と。道端の草を食べている。
2 引き取ったり預かったり、
  これまでに3頭の山羊を飼っていた。
3 家の表札。
  近所の子どもが「ヤギさんの家」と呼んで親しむ。
4 近所のおじいさんに野菜の作り方を教えたら、
  見事な菜園が家の前にできていた。
5 畑からハーブを収穫。
  スーパーで売っているものと姿も味もどこか違う。
6 黒海沿岸にある国ジョージア（グルジア）の
  伝統料理にもなぜか精通。イベントなどでも振る舞う。
7 EAT LOCAL KOBE FARMERS MARKET で
  定期的にハーブを販売。

んはそのおじいさんと引っ越してきてから仲良くなったが、その後しばらくして病気になり、畑をしたくてもできなくなった。塚原さんは「頼めないか」と相談され、以来その畑の世話をすることになったのだという。

塚原さんの購入した家屋は格安物件でかなりジャンクな一軒家ではあるが、神戸の都心に近く、また高台にあるため眺望は素晴らしい。夜景が美しい神戸の都市部のなかでも群を抜いていると言って良い。でも実際のところ神戸市は150万人都市でありながら、農村部のみならず街中でもこうした隙間空間が少なからず存在している。そして今後ますます増えていくと考えられる。塚原さんの家のすぐ近所も、所有者不明だったり管理放棄だったりさまざまな理由から放置された空き地が目立つ。そんな場所に、一見、ミュージシャンのような風貌をしているが、実は農業や畜産に精通し、農場や動物の研究所で働いてきたことがあり、ヨーロッパの伝統食など食文化にも精通した塚原さんが移り住んできたのだった。

本来の姿が知りたい
——ここへ来る前は何をされていたのですか？

出身は兵庫県西宮市ですが、20代で北海道に移り住みました。最初は林業の仕事に就きたいと思ったのですが、農家で働くことになりました。しかし野菜を育てるのに農薬を大量に使わなければいけないのを見て、「そういうものなのだろうか」と疑問を持ちました。その後、牧場で働いたのですが、北海道の広大で素晴らしい自然の中でも畜産の牛たちは抗生物質を打たないとちょっとした風邪でも死んでしまうんです。近代の畜産の中で品種としては弱くなってしまっているんだなと。そんなとき行き着いたのが山羊だったのです。山羊はそんなに薬を打たなくても生きていける。餌も人工的に配合されたものをあげなくて良い。

北海道は去ることになったのですが、その後も調べ続けて、長野にある全国で唯一山羊の研究をしている国立の施設で学び、家畜人工授精師の資格も取得しました。それから山羊の乳製品を製造する京都の牧場に勤め、山羊のチーズをつくる仕事をしていました。

——なぜ畑では主にハーブを育てているのですか。

ハーブにしたのは、他の野菜よりも原種に近いものとして育てることができると思ったからです。スーパーで売っているハーブって、水と肥料を豊富に与えて育てて収穫して、というのを繰り返しているような、そんな形をしているなと。でも、そのハーブは自然にある状態だと本当にそんな姿なのかな。本来の姿を知りたくなった。

手入れすること／育てること

塚原さんに、現在の場所に引っ越してきて感じることを聞いてみた。「すぐ横で、伸び放題になった竹が風で近隣の空き家の瓦にあたって割れた出来事があったんです。また、隣家の前の敷地が草が茫々になっていたり。本当はこういう場所もみんな手入れ次第です。近所の人たちが思い思いにそういうところで野菜をつくれたらいいのに。作り方さえ教わればそういうことを楽しみにできる方って、実はいっぱいいるのではないかって思うんですよ」。

（KOBE live+work で2017年4月に掲載された記事を元に再構成）

Summary

都市で自給自足生活を試みる人たち

経済活動の内部循環化において究極の形は、自給自足の世界だろう。現代の生活では、スーパーやコンビニで食料を買い、食材のゴミは回収業者が持ち帰り焼却処分、体がなまらないようにスポーツジムなど室内で体を動かすという生活が当たり前になっている。こうしたスタイルに疑問を持ち、農村で自給自足活動を目指した人はいるだろう。しかし、澤井さんや塚原さんが実践しているのは、農村ではなく、車がなくても生活可能な都市で行っている「アーバン・パーマカルチャー」だ。

彼らに共通する概念は、現代版の「百姓」になりたいと考えていること。彼らにはスキルがたくさんある。生活にまつわることを基本は自分でこなし、できないことがあれば知り合いや友達に手伝ってもらって暮らしを成立させている。

人口減少が進み、都市のへりはどんどん農地化させていかなければならない状況が起きるだろう。彼らのような活動は、これからの時代に"美しく街を衰退させる仕事"としてとても重要ではなかろうか。自給自足生活を志向する人は多い。だが都会には何らかの仕事があるから、都会の「へり」で自給自足生活を志向するのが現実的では。

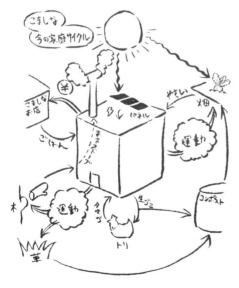
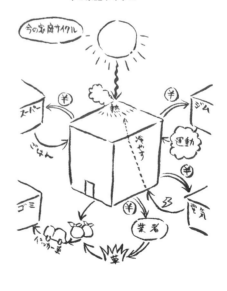

図　昔のサイクルには戻せなくても、今より「少しマシ」なサイクルにはできる。塚原正也さんによるチャート。

06
AREA DEVELOPER

場所の価値を発見し、
新しい人の流れを生み出す

神戸R不動産
エリアに"中心性"を見出す

「我々の仕事は場所の価値が見出されていないエリアを発見し、そこに新しい人の流れを生み出すこと」。エリアをより魅力的な営みの場にし、人の流れを生み出し、そこに新たな経済が回るようにする。それが「エリアデベロップメント」。ローカルエリアデベロッパーの仕事とは。神戸R不動産代表・小泉寛明さんに聞いた。

　エリアの活性化はえてして、人がつくりだす「小さな営み」から生まれることが多い。僕たちはその「小さな営み」の仲介を続けていくことで、小さな営みの連鎖を作り出し大きな連鎖に変えていきたい。気づけば面白い人が増えて、しかもその人たちがそのエリアで面白い仕事をつくり出している状況を誘発する。でもそうした人と営みを引き寄せるためには、特徴的で魅力的な物件が一定量あるエリアでないとこの連鎖が生まれない。

魅力的な物件を掘り起こす

　神戸R不動産の活動を始めるにあたり、僕らが最初に目をつけたのは、神戸の北野エリアだった。R不動産を始めた2011年、このエリアには大量に空室化した外国人マンションがあったが、不動産情報として認知されていなかった。山麓でありながら神戸市の中心部にあって便利な場所なのだが、急坂の上に立地していたり、間取りが外国人スタイルだったり、日本人的な感覚だとメンテナンス状態も不十分な部分があったりして、一般的な不動産業者は扱っていなかった。昔からこのエリアには、外国人コミュニティが存在して外国人家族がたくさん住んでいたが、子どもの通う学校が違う場所に移転したことなどをきっかけに外国人マンションの空室が高くなった。オーナーも外国人が多いため、日本人の不動産業者との付き合いもあまりなく、情報として出ていなかった。たまたま僕は外国に住んでいた経験があり、1軒1軒所有者とコンタクトをとり話を聞くと、みんな困っていた。日本人の不動産業者との接点が少なかったというのが実情で、日本人向けのマーケティングができていなかったのだ。

　特徴的で魅力的な物件の群れがあっても、それらが出てこないのは何らかの理由、社会的背景がある。その事情にメスを入れて開いて行く作業を行わなければいけないのだ。

"中心性"を見極める

　大切なことは、その場所が特定の人種にとっての「中心性」となりうるかどうか、感知することだ。生活スタイルや仕事の仕方に応じ、その人その人で重要な場所は違う。都心で働いている人は電車で通勤しやすい立地かどうかを気にするだろうし、山が好きな人はお気に入りの山に近いことを気にするだろう。ひと時代前はサラリーマンで定時の電車通勤というのが揺るがざるマジョリティだった。もちろん今でもそういう人は少なくないかもしれない。ただ、「そうでなくてもいい人」も増え始めている。PCでリモートワークをする人にとって

1 三宮駅まで徒歩圏内、けれども自宅の裏にすぐ山がある北野エリア。
2 右に六甲山系、左に市街地。山と街が溶け込んでいる。
3 北野エリアのマンションは外国人仕様のものが多く、
 日本的な感覚ではないものが多い。
4 当時は外国人マンションに大量の空室があった。
5 2013年3月に発刊した「神戸移住のための地図」。反響が多くあった。
6 神戸R不動産のスタートは2011年4月。
7 神戸R不動産の当初のオフィスであり、
 多くの移住者を受け入れたシェアオフィス。

は、出勤利便性の重要度は低く、むしろ「環境が良いこと」が重要だ。自転車通勤を気に入っている人は、別に駅から徒歩20分でも気にしないが、アップダウンが少なかったりスムーズに自転車移動できるルートであることは重要だろう。特定の種類の人にとって重要なこと＝中心性を見出すことができ、なおかつその中心性に合致したエリアを耕すことができれば、それまで人気が低いと思われていたエリアの物件であっても、光る可能性を持っている。

　僕は独立前、大阪の会社に働いていたのだが、東京をはじめ全国への出張が多かった。住んでいた北野エリアは、新幹線の新神戸駅やターミナルの三宮駅まで徒歩圏内、そして神戸空港も近くLCCで全国へ手軽に飛べて、移動がかなり便利だと知っていた。なおかつ自宅の裏に山がすぐあり、新鮮な山の空気が常に流れ、海へも電車で20分という自然豊かな環境でもある。

　リーマンショックや東日本大震災があって幸せ・豊かさの再定義がされ始めていた。東京に住んでいるフリーランスの人たちにとっての中心性が、それまでの「消費をするのに便利」というところからちょっとズレ始めるのではないかという予感を覚えていた。ズラす場所として北野はとても良いと思っていた。自然環境が良く、ヴィンテージのマンションがあって、移動がしやすいこの場所が。

　神戸R不動産をスタートし、そうしたコラム記事を書き続けた結果、移動出張が多いノマドワーカー、外需型の仕事でクライアントが日本全国や東京にいる人が少しずつ集まり始めた。神戸R不動産がスタートした直後の移住者は、イラストレーターやウェブエンジニアなどの、どこでも仕事ができる人たちが圧倒的に多かった。

時間がかかる作業

　神戸に灘高架下というエリアがある。昭和初期に建設された阪急電鉄の鉄道高架なのだが、その高架下空間に近年、ものづくりを行う事業者が集まってきている。灘高架下は、そのコンクリートアーチの空間が素晴らしいことのみならず、鉄道高架の下なので大きな音を出しても問題なかった。特徴的なデザインを持つ空間で、広さがあり、家賃も適度で、かつ音を出してもいい、それがものづくりの人々にとっての中心性であったのだ。もともとは単なる外れのエリアという認識であったが、違う視点によって光ることとなった。

　オーナーは、当初、古い空間であり鉄道高架下ということで賃貸基準を厳しくせざるをえず、また空間を積極的に利用する人はいないだろうと考えていた。しかしこの高架下に1組、2組と良い入居者が入ることにより、オーナーさんの印象もポジティブなものに変わり、少しずつ状況が変化した。手がけ始めてから、そうした状況になるまでに3年ほどかかった。エリアデベロップメントには一定の時間が必要だ。

仲介者になる

　新しい中心性を持った人たちが入ってきやすくなるための土壌づくりもエリアデベロッパーの大切な仕事だ。人が新しい場所に住み、活動を開始すると場の雰囲気が変化する。その人たちが、もともとその地域に住んでいた人たちと顔を合わせて、コミュニティの一員になることが大切だ。そのために祭りやイベントに新しい人たちを参加させ顔と顔をつきあわせる機会をつくる。お互い顔を合わせて話をすることができればもともと地域にいた人（＝

1・2　素晴らしい空き物件がたくさん眠っていた阪急の灘高架下。
3　天井の高いコンクリートアーチの空間が美しい。
4　クロスフィットトレーニングのジムなども入っている。
5　音が出せるので、家具の工房も入っている。
6　ダンススタジオ。天井が高く、空間に迫力がある。
7　高架下の物件に入っている事業者が連携して、
　　一斉に工房開きをするイベントなども行っている。

1 神戸R不動産のメンバー。右から2番目が代表・小泉寛明。
2 物件を編集してシェアオフィスにした事例。
  複合施設「KITANOMAD」の2階部分。
3 「KITANOMAD」のコモンルームでは、
  イベントやパーティーが活発に行われている。
4 物件をセルフビルドで変えていく。
  R不動産メンバーの西村が手がけているシェアハウスもセルフビルド。

不動産オーナーであるケースが多い）も「良い人が地域に来てくれた」と理解できる。でも、顔をつきあわせる機会がなければ「怪しい人」で終わってしまう。まちづくりは、人の意志の集合体であり、そこでのルールは地域に長く住み働く人が築きあげたものでもある。エリアを良く変化させる仕事に携わりたければ、古くからの住民を尊重しつつ、その人たちに新しい血を入れるメリットを理解してもらうための仲介者にならなくてはならない。

営利事業と非営利事業の組み合わせ

　エリアデベロッパーはどのような仕事で食べていったら良いのだろうか。エリアデベロッパーは必ずしも不動産屋とは限らず、酒屋や花屋がそうであるかもしれない。いずれにせよ、たとえば僕のように不動産屋が本業なら、そこに還元されることが基本だと思う。その上でなのだが、本業（営利事業）と並行して、非営利の事業も行うことが大事だと感じている。

　非営利の仕事として街の祭りやイベントのプラニング、企画・広報的なことまで行って、街の人と打ち解けてエリアを良くする仕事に携われば良い。エリアが良くなれば、自分の本業も連動して良くなる、という関係性を意識して仕事を設計するのが大事。エリアが良くなれば、自分たちの実入りもよくなるし、うまくいけば長い期間収入が安定する。逆に、コンサル的な仕事で中途半端にエリアに入っても一時的な収入が上がるだけで収入は長期安定しないし、地域にとっても根本的な改善とはならないことが多い。

物件を自ら編集

　えてして、地域の中で空き物件になっているのは、物件が大きすぎたり、特殊な立地であったり、価格が不釣り合いだからというケースが少なくない。エリアデベロッパーにはそうした特殊な不動産物件の加工技術が求められる。自らがリスクを取り、シェアオフィスやシェアハウス、民泊などと事業ミックスさせてサブリース事業を行うケースが多い。特定の職業のハブという性格を持たせるなど、工夫が必要となる。始めはリスクもあるし、リスクを極小にするためにセルフビルドの能力も必要になるし、正直生半可な不動産投資気分では成り立たないと思っておいた方が良い。

　シェアオフィスは単なる貸しスペースとしての機能というよりも、移住してくるフリーランスの人たちにとっての、「新しい場所での新たな人との接点」という意味で、大事なインフラだ。エリアデベロッパー的な仕事をしている人は、地域メディアプランナー的な役割を担うケースも多く、ローカルの情報の発信、イベントの企画を日常的に行う必要も出てくる。そうした仕事は、行政や地元団体との協業も多いが、自分たちのコミュニティ内のクリエイターをうまくジョイントさせるよう心がけている。シェアオフィスに入居する人たちに、新しい場所で仕事を始めるきっかけを提供することにもなるからだ。もちろん移住者にとっての地域との接点づくりにもなる。

　エリアデベロッパーが増えることでローカル経済が活性化していくと信じている。エリアを決めたら、その場所のためになることなら何でも仕事をする。魅力的な物件の群れを見つけ、キーになる人を呼び込む。エリアの潤滑油的な存在あるいはローカルへの入口的存在にもなること。こうした動き方が欠かせない。

森本アリ
旧グッゲンハイム邸を起点に塩屋の町を編集

地域密着型の仕事で、地域が良くなると自分のビジネスにも跳ね返りがある業種はエリアデベロッパーとなりうる。「旧グッゲンハイム邸」を拠点に、さまざまな人がつながるイベントやシェア空間を運営しているアーティストが塩屋の街の風景を変え始めている。

　神戸市の西の端に山と海が最も近接した、風光明媚な塩屋という町がある。古くは神戸市の中心部に住む外国人たちの別荘地として栄えた。その塩屋の駅から3分の場所に建つ築100年超の洋館、旧グッゲンハイム邸が2007年に取り壊しの危機に陥った時、その建物を自力で買い取ったのが森本家だ。現在「旧グッゲンハイム邸管理人」として活動している森本家の長男、アリさんはミュージシャンでもある。あれから約10年が経過し、アリさんの活動により塩屋は口コミで評判が高まり、外から移住する人が続々増えている。魅力的なミニイベントが旧グッゲンハイム邸で頻繁に開催され、時折まちぐるみの大イベントも行われている。この小さな町・塩屋での活動について話を聞いた。

——生き方が面白いですね。塩屋の町で行われている活動のひとつひとつが、芸術家としての作品のように捉えていらっしゃるように感じます。

　学生時代は父の祖国でもあるベルギー・ブリュッセルにある芸術大学で、インスタレーション・彫刻・映像・音楽などの現代アートを行っていました。その頃、小劇場でも働いていて主に印刷物の制作やバーの経営、企画にも携わっていました。23歳で日本に戻ってからは音楽の活動に焦点を絞り、母のステンドグラス工房で働き、神戸の劇場で音響と照明のアルバイトもしていました。旧グッゲンハイム邸を修復した際の施工技術から企画、運営にまつわるあれこれ、音楽イベントの音響技術まで、すべて今まで培った蓄積が生かされています。

——プロのミュージシャンになろうと思わなかったのですか？

　神戸の西側は家賃が安く自然環境にも恵まれているので、音楽家や芸術家が昔から多く住んでいます。その多くが才能を生活の糧にはせず、仕事と作家活動を両立させています。2014年から2017年にかけて開催した「町がまるごと文化祭　しおさい」は、塩屋のローカルな才能を浮かび上がらせる芸術祭でした。そのハイライトが「しおや歩き回り音楽会」で、これは塩屋在住の音楽家たち、約30組が町全体をステージに見立て、遊園地のアトラクションさながら、路地の奥、階段の上、ビルの屋上、人の家の庭やベランダから演奏します。例えば、塩屋のピザ屋さんも実はミュージシャンなのですが、店の前で夫婦で歌っていました。奥さんは赤ちゃんを背負いながら。ピザ屋前に300人の人が集まり、野外フェスのような盛り上がりを見せていました（笑）。

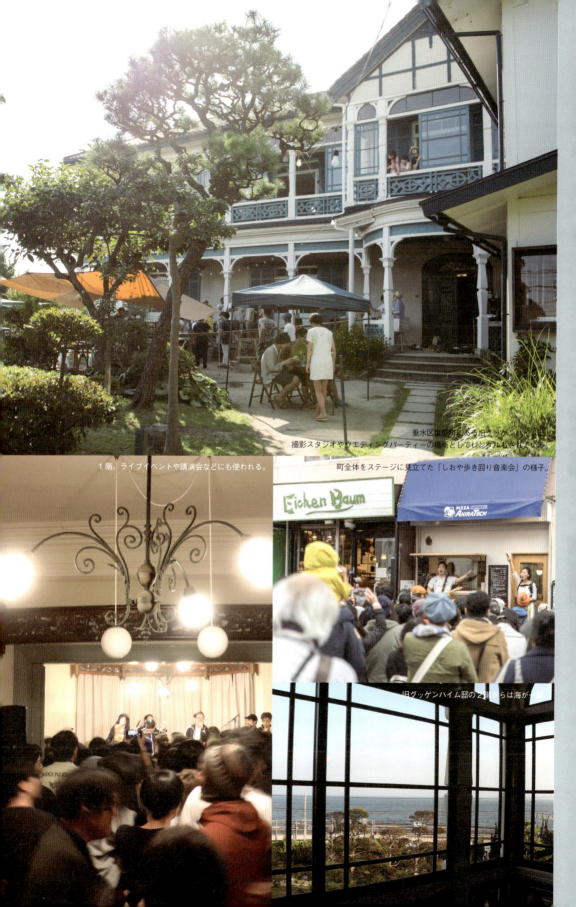

垂水区塩屋町にある旧グッゲンハイム邸。
撮影スタジオやウエディングパーティーの場所としてレンタルもされている。

1階。ライブイベントや講演会などにも使われる。

町全体をステージに見立てた「しおや歩き回り音楽会」の様子。

旧グッゲンハイム邸の2階からは海が一望できる。

海を見渡す小さな町、塩屋。海の向こうには泉佐野、和歌山、友ヶ島、紀伊海峡、淡路島までが見渡せる。

——今、アリさんが塩屋で行っている活動って何ですか？　たくさんされてますよね。

旧グッゲンハイム邸の企画・運営。それから「シオヤプロジェクト」という、文化の面から町を"いじる"企画として、まちあるきマップ、『塩屋借景』などの書籍、ポストカード、かるたの制作などをしています。塩屋まちづくり推進会では塩屋の昔話や他の町の取り組みを聞くトークイベント、まちづくりガイドラインの制作を。商店会では塩屋でものづくりをしている40店舗を集めた「塩屋市」の開催もしています。僕は地域資源を「レディメイド」という定義で楽しんでいるのですが、それは、ありのままを、視点を少し変えるだけで面白く、新しく、楽しく見せるというものです。僕の持って生まれた二つの気質、「もったいない精神」と「面白く見せたい精神」を塩屋という町を舞台に繰り広げているのかな。

——収入はどうなっているのですか？

もともと旧グッゲンハイム邸は両親が老後の蓄えを崩して購入したのですが、知名度も上がったおかげで、徐々に利用が増え、多目的スペースとして借りていただくことができています。同時に、大小いろんなイベントの主催・共催もしています。収入的には週末のウェディングパーティと、撮影での利用が大きいです。敷地には明治期に建てられた洋館に加え、2つの別棟があり、それらを活用できるのが僕には魅力的でした。1棟はもともと社員寮として使われていたのですが、建築のプロに相談しながらも基本DIYでシェアハウスに変え、家賃収入を生んでくれています。もうひとつの建物は旧グッゲンハイム邸の事務局として使いつつ、一部をシェアオフィスにして貸し、収入源にしています。妻、妹、長年手伝ってくれているスタッフ3名の5名体制で、その分の給料を払っています。それ以外に個人でしている音楽の仕事や、まちづくりに関する講演・ワークショップのときの講師料など、小さな収入がいくつかあります。妻と息子2人、4人で楽しく暮らしています。

——『塩屋百景』『塩屋借景』といった出版物や、イベントの「しおさい」など、それぞれのプロジェクトはどうやって実現されているのですか？　予算は補助金？　それとも自腹？

それぞれ違います。「しおさい」は、神戸市の商業課から商店街のにぎわい活性化の助成金をいただいて商店会が主催している文化祭でした。「シオヤプロジェクト」は神戸市の文化芸術支援の助成金と、参加費、販売物の売り上げなどを合わせバランスよく運営できています。『塩屋借景』は文化助成の基金から頂いた賞金をもとに編集費はまかない、印刷費などは自腹で出版。まだまだ売らなくてはなりません。町の活動に関することはボランティアになることが多いですが、それも仕事と捉えている部分があります。塩屋が魅力的になり町が良くなり人が訪れるようになれば、旧グッゲンハイム邸の収益にもつながるわけなので、そういう意味での経済的循環は考えています。

森本アリさんのようなアート出身の人が地域密着で活動することは意義深い。彼は現代芸術をまちづくりの世界に応用し、作品をつくり続けている芸術家ではないだろうか。アート出身の人たちはセルフビルドで制作をすることに慣れている。芸術家の立場からエリアデベロッパーの仕事を行っている森本アリさんの活動を参考に、他のエリアでも芸術家がエリアデベロップメントに着手していったら、残せる個性的な日本の下町は多くあるかもしれない。

Summary

ローカル経済のハブとなる「エリアデベロッパー」

　高度成長期には、急激な都市化により住宅や事務所が足りず、大きなお金を借りて不動産開発のリスクを取り、建設を進める不動産デベロッパーが大きな役割を担った。しかし人口減少時代に入り、既にある建物を利用して街を変化させていく活動を行う人たちが増えてきた。そしてこの本で話題にしてきた、経済活動の内部循環化という考え方において、ローカル経済の仕組みを地域に落とし込むハブになっているのが「エリアデベロッパー」という仕事だろう。

　彼らの動きは、その地域におけるイベント企画・広告制作代理店的な役割を担っているとも言える。地域内からの情報発信、イベントの企画が日常的になされ、それがユニークかつ形式張らず行われている。そうした仕事は、コミュニティ内のクリエイターとの協業でされることも多い。シェアオフィスやシェアハウスの入居者、周辺に移り住んだ移住者などと活動を共にするというケースは少なくない。場を共有しているとつながりが深くなり、人が集まると協業が生まれる。地域経済も、小企業経済も、もともと人付き合いが大切。だから地域を大事にする。

　エリアに密着して、その場所のことなら何でも仕事にする。彼らの活動は非営利にも、営利的にも見える。両方を行き来しながら、その生業を成立させている。エリアの潤滑油的な動きであり、地域への入口的存在。こうした動きをする人が増えると、ローカル経済はダイナミックに動き始めるかもしれない。

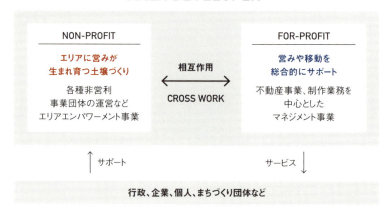

図　NON-PROFIT（非営利）の事業とFOR-PROFIT（営利）の事業の掛け合わせでエリアの可能性を高められる。

神戸の「働く」と「暮らす」を紹介するサイト。

KOBE live + work
http://kobeliveandwork.org/

"神戸で暮らしませんか？"

私たちにとって仕事とは、暮らしそのものです。
家と仕事場の距離が近いので、仕事の合間に家に帰って家族と食事をします。
仕事中に海に出かけて泳いだりします。
山が近いので、職場に出かける前に山登りに行きます。
仕事帰りに地元の野菜を買い、その帰り道に砂浜でビールを飲みます。
週末、港から船に自転車を乗せて島へ出掛けます。
農村が近いので生産者さんと親しくなって直接野菜を買ったりしています。

KOBE live+work（コウベ・リブ・アンド・ワーク）は、
神戸市が運営する移住プロモーションサイトです。

神戸移住や事業所の移転にご興味のある方は以下までお気軽にお問い合わせください。
神戸市企画調整局産学提携ラボ（事業化担当）
〒650-8570 兵庫県神戸市中央区加納町 6-5-1　Tel. 078-322-5029
E-mail: citypromotion@office.city.kobe.lg.jp

この本に登場した方々のURL

■ FARMER

**EAT LOCAL KOBE FARMERS MARKET /
FARMSTAND**

http://eatlocalkobe.org/

BIO CREATORS

http://biocreators.org/

■ BUILDER

TEAM クラプトン

https://www.facebook.com/TEAMclapton/

淡河かやぶき屋根保存会くさかんむり

http://www.kusa-kanmuri.jp/

MAR U（マル）

http://www.share-woods.jp
（山崎さんが主催するウッドデザインのコミュニティ）

■ MAKER

Cultivate Industry

http://www.cultivateindustry.com/

Pampshade

http://pampshade.com/

十場天伸

http://www.tsukumogama.com/

■ SPORTS BUSINESS

SPARK Scone & Bicycle

http://www.spark-kobe.jp/

■ URBAN PERMACULTURE

弓削牧場

https://www.yugefarm.com/

■ AREA DEVELOPER

神戸R不動産

https://www.realkobeestate.jp/

森本アリ

http://www.nedogu.com/
（旧グッゲンハイム邸）

Epilogue
「あるもので作る」
スモールビジネスのススメ

　本書で紹介した人たちのビジネスや活動は、この数年で小さく神戸で生まれたものばかりだが、徐々に雇用を増やしたり、仲間を増やしたりしている。同じ神戸で周辺を見渡しても、最初は1人や2人だった事業者が複数人を雇用している知り合いが増えている。「顔の見える経済」の連鎖をつくり出すことができ、「面白い！」と思えるような仕事を創出できれば、その街へ移住していく若者は増えるだろう。また、その街で育ったビジネスや活動は、同じ世界観を持ってゆるやかな広がりを見せていくだろう。こうした連鎖が進んでいくことで、自ずと地方都市の経済は自立し、楽しい街になっていくのではないかと推測する。

　これからはあるもので作る時代だ。地域にある素材・材料・食材を使う、古い建物を再利用する、耕作放棄地を使う、近くの森の間伐材で家をつくる、山を使う、古い街を使う。あるもので作るには良い素材がたくさんある場所でなくてはならない。その点、ミッドサイズの都市には、山や海といった「自然」、食物などが育てられる「農地」、人が集まり活動する「都市」という三つの要素がほどよいバランスで存在しており（まさに神戸がそう）、良い素材を見つけるのに適している。そして都市と自然の間、都市と農地の間には資源や素材を作る人、それを運ぶ人、そして使う人が自然と現れ、つながり、そこに経済循環が生まれていく。

　ローカルの中の大きな循環を意識し、その中で自分に何ができるかという役割を見つけることが大事であると主張したい。この循環の中でまだ誰もやっていないことを探し、チャレンジするべきではないだろうか。

　たとえば食べ物を扱ってきた人なら、農地と都市の間のどこかに入って食の仕事をしてはどうだろう。建築出身の人なら、自然と都市の間のどこかに身を置き、古い建物を再生させていってはどうか。編集系（物書き・絵描きを含む）の人は、この循環の中のどこかに身を置きつつ、情報発信をすることに長けているのだから、それを活かすべきだろう。職人的な仕事をしてきた人は、自然や街にある資源をどのように使って商品を生み出すかを工夫できるだろう。事務・企画系出身の人は、この循環のどこかに身を置いて事務局的な仕事ができるだろう。行政で働く人なら、この連鎖がスムーズに起こっていくことを支える、裏方として大切な仕事ができるだろう。

　今の職場で働きながら、組織を変えていこうと試みるのももちろん1つの道だし、ダブルワーク的に独自の動きをしてもいいかもしれない。もちろん独立して、フリーランスとして

新たにスタートしても良い。

　そして、僕らが住む神戸はローカルエコノミーを再構築するのに非常に適した街だと感じている。可能性を感じた人は是非この街に足を運んで、実際に街を回って体感してみてほしい。また、アドバイスするなら、少し下調べをして潜入してほしい。例えば、住宅街で開催されているミニライブに行ってみる。農村で開催されているイベントに参加してみる。マウンテンバイクを借りて地域の山に潜入してみる。ファーマーズマーケットに立ち寄ってみる。さらには、誰かローカルのキーになっているような人にアポイントをとっておけば、数珠つなぎで面白い活動をしている人々とつながれるかもしれない。

　ともあれ、小さくても良いので、現実的に計画を始めてみることが重要だ。身近な人々との顔の見える関係のもとで、ローカルの資源を用いたニッチなビジネスは、まだまだたくさん眠っているはず。

　スモールビジネスオーナーなどが連携する環境づくりを進めていきたいと考えて、今回「神戸から顔の見える経済をつくる会」を起ち上げた。また、僕たちは神戸にいるので神戸から始めるが、もちろん他の地域でも同じことを思っている方々がたくさんいることと推測する。そうした人たちとも連携しつつ、これからのローカルエコノミーをつくっていけたらと考えている。顔のみえる経済の連鎖をつくりましょう。

神戸から顔の見える経済をつくる会

【著者紹介】
神戸から顔の見える経済をつくる会

新しいローカル経済のあり方を社会に対して提示するため、
神戸都市圏で活動するスモールビジネスやフリーランサーなどが中心となり設立した団体。
https://reallocal.jp/rebuildinglocaleconomy

【本書の制作主体】
「KOBE live＋work」プロモーション書籍制作実行委員会

編集担当　小泉寛明　安田洋平
執筆担当　小泉寛明　安田洋平　則直建都

ローカルエコノミーのつくり方
ミッドサイズの都市から変わる仕事と経済のしくみ

2019年　6月10日　初版第1刷発行
2019年　6月25日　初版第2刷発行

著者　　　神戸から顔の見える経済をつくる会
発行者　　前田裕資
発行所　　株式会社学芸出版社
　　　　　京都市下京区木津屋橋通西洞院東入
　　　　　TEL 075-343-0811　〒600-8216
デザイン　スズキチヒロ（ズアン課）
撮影　　　片岡杏子、藤田 育、平野 愛
本文チャート　神崎奈津子
印刷・製本　シナノパブリッシングプレス

©「KOBE live＋work」プロモーション書籍制作実行委員会　2019 Printed in Japan
ISBN 978-4-7615-2708-2

JCOPY 〈(社)出版者著作権管理機構委託出版物〉
本書の無断複写（電子化を含む）は著作権法上での例外を除き禁じられています。複写される場合は、そのつど事前に、(社)出版者著作権管理機構（電話 03-3513-6969、FAX 03-3513-6979、e-mail: info@jcopy.or.jp）の許諾を得てください。また本書を代行業者等の第三者に依頼してスキャンやデジタル化することは、たとえ個人や家庭内での利用でも著作権法違反です。